I0669745

Franz Rühl

Die Verbreitung des Justinus im Mittelalter

Franz Rühl.

Die Verbreitung des Justinus im Mittelalter

ISBN/EAN: 9783743359543

Hergestellt in Europa, USA, Kanada, Australien, Japan.

Cover: Foto ©ninafisch / pixelio.de

Manufactured and distributed by brebook publishing software
(www.brebook.com)

Franz Rühl

Die Verbreitung des Justinus im Mittelalter

VERBREITUNG DES JUSTINUS
IM MITTELALTER.

EINE LITERARHISTORISCHE UNTERSUCHUNG.

HABILITATIONSSCHRIFT

GENEHMIGT VON DER

PHILOSOPHISCHEN FACULTÄT DER UNIVERSITÄT LEIPZIG.

ZU SEINEM PROBEVORTRAG

AM 21. OCTOBER 1871 UM 11 UHR

IM AUDITORIUM No. 6, BORNERIANUM,

(NEUBAU, 1. ETAGE)

LADET HIERDURCH EIN

Dr. FRANZ RÜ

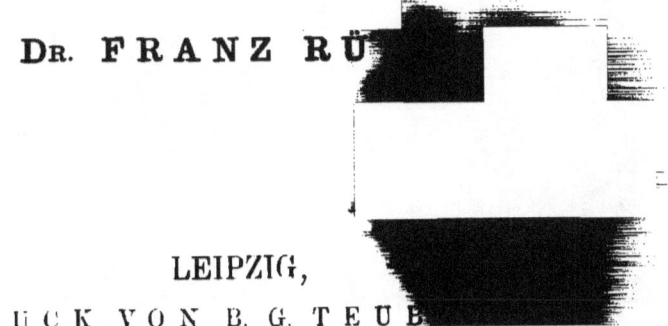

LEIPZIG,

DRUCK VON B. G. TEUB

DEN HERREN

PEDRO, CARL und EDUARD JUNG

IN HANAU

IN DANKBARER VEREHRUNG.

Der Verbreitung der antiken Schriftsteller im Mittelalter nachzugehen ist für den Historiker wie für den Philologen von gleichem Interesse. Wenn der Herausgeber alter Texte hoffen kann, dabei werthvolle Lesarten zu gewinnen, die auf andere Weise nicht erhalten sind oder im andern Falle die tröstliche Ueberzeugung, dass die wenigen aus den Stürmen der Jahrhunderte geretteten Handschriften Alles enthalten, was für die Herstellung des Ursprünglichen in Betracht kommen kann, wenn er jedenfalls einen Einblick erhält in die Entstehung und die Art der Corruptelen, eine Erkenntniss, die er nur zu oft Gelegenheit hat, wieder zu verwerthen, so ist der Gewinn für den Geschichtsforscher ein noch viel bedeutenderer. Er erfährt auf diesem Wege, welche Autoren neben der kirchlichen Literatur die Gebildeten der Zeit beschäftigten, er kann daraus Schlüsse auf die Weite ihres Gesichtskreises, auf den Umfang ihres Wissens machen, er wird besser als durch die sonstige Ueberlieferung eingeführt in das Treiben der Schulen, das ja immer so charakteristisch für die Cultur einer Epoche ist. Ist ein Autor vielverbreitet gewesen und zerfallen unsere Handschriften in mehrere Classen, welche gleichzeitig neben einander in Gebrauch gewesen sind, so lassen sich durch die Feststellung der Verbreitung einer jeden häufig literarische Beziehungen und Zusammenhänge herausfinden, die uns sonst ganz unbekannt bleiben würden. Die unermüdete Thätigkeit der Philologie in diesem Jahrhundert hat ein grosses und ausgedehntes Material an Handschriften lateinischer Schriftsteller zugänglich gemacht, die Beziehungen, in welchen sie zu einander, sowie zu dem von dem Autor selbst herrührenden Texte stehen, sind mit so grosser Sorgfalt und Gewissenhaftigkeit erforscht worden, auf der andern Seite sind so viele Schriftsteller des Mittel-

alters kritisch untersucht und in reinlichen Ausgaben dem
Publicum vorgelegt worden, dass wir die begründete Hoffnung
hegen können, es werde in nicht zu langer Zeit möglich sein,
eine Geschichte der classischen Literatur im abendländischen
Mittelalter zu liefern, welche dieses Namens wirklich würdig
ist. Es werden sich dabei für die Betrachtung zwei Perioden
ergeben, deren Grenze ungefähr durch das Jahr 1200 bezeich
net wird. Mit dem Auftreten der Bettelmönche lagert sich
jene dicke geistige Finsterniss über Europa, welche der ge-
meine Sprachgebrauch als für das Mittelalter überhaupt charakteristisch bezeichnet und während sich auf vielen andern
Gebieten ein bemerkenswerther Fortschritt kundgibt, nimmt
die gelehrte Bildung jenen Charakter an, den man gewiss
durch das scheinbare Paradoxon am Besten bezeichnet hat,
dass damals jeder Mensch, je gelehrter er gewesen, um so
tiefer in Unwissenheit und Aberglauben verfallen sei. Ein
neuer Abschnitt beginnt dann mit Petrarca und der Thätigkeit jener nie hoch genug zu preisenden grossen Italiener, die
zugleich die Welt, den Menschen und das Alterthum ent-
deckten und so die Grundlage zu unserer modernen Cultur
gelegt haben.

Nur ein einziger Schriftsteller ist es, mit dem sich
die nachfolgende Skizze beschäftigt. Justinus, der Epitomator des Pompejus Trogus, ist während des ganzen Mittelalters bekannt gewesen und offenbar viel gelesen worden.
Sachlicher Reichthum des Inhalts, Kürze der Darstellung und
Einfachheit der Form, die sich wohl verträgt mit einer ziemlich
stark ausgeprägten Rhetorik, mussten ihn jenen Zeiten auf
gleiche Weise empfehlen. Eine Feststellung der Hauptmomente
seiner Verbreitung hat daher wohl Aussicht, nicht ganz ohne
Gewinn für die Wissenschaft zu bleiben. Freilich ist die
Untersuchung mannigfach erschwert. Es giebt keine kritische
Ausgabe dieses für viele Abschnitte der alten Geschichte so
ungemein wichtigen Historikers. Das handschriftliche Material hat der Verfasser fast durchaus selbst sammeln und sichten
müssen. Die Ergebnisse dieser Arbeit sind in einer Abhandlung über die Textesquellen des Justinus niedergelegt, welche
binnen Kurzem erscheinen wird und welche ich mir erlaube,
einer hochlöblichen Facultät im Manuscripte mit vorzulegen.
Die mittelalterliche geistliche und Profanliteratur aber ist so

umfangreich, dass es bei einer Specialuntersuchung wie die
vorliegende nur zu leicht geschehen kann, dass ein oder der
andere Autor, diese oder jene Stelle übersehen wird. Es muss
genügen, wenn zunächst nur das Wesentliche hervorgehoben
wird. Und auf den ersten Blick wird die Abhandlung un-
vollständiger erscheinen, als sie in der That ist. Denn die
Vorstellungen, welche man sich — namentlich seit Friedrich
Dübner — über die ausgedehnte Benutzung des Justinus im
Mittelalter gemacht hat, sind auf ein bescheidenes Maass zurückzuführen. Man kann bändereiche Werke der grössten
Gelehrten jener Zeit sorgfältig durchsuchen, ohne auf eine
Spur von ihm zu stossen. Wer würde nicht glauben, ihn bei
Hrabanus Maurus oder Abülard oder Albertus Magnus benutzt
zu finden? Und doch haben sie nicht die geringste Notiz
aus ihm entnommen. Glaubt man aber wirklich ein Stück
Justin gefunden zu haben, so überzeugt man sich doch nur
zu häufig bald, dass es eigentlich Orosius ist, welcher ausgeschrieben wird, wie bei Otto von Freising oder Martin
von Troppau.

Die Handschriften des Justinus, welche uns noch heute
erhalten sind, gehen, wie ich in der angeführten Abhandlung
weiter auseinandergesetzt, auf drei verschiedene Originale zurück, die wahrscheinlich schon im vierten Jahrhundert nach
Christus in ihrer Eigenart vorhanden [waren. Ganz allein
steht der Codex Casinas, jetzt Laurentianus plut. 66 cod.
21 (C). Die beiden andern Ueberlieferungen, welche sich am
Besten als italische (I) und transalpine (T) bezeichnen lassen,
gehen zwar auf einen gemeinsamen Urcodex zurück, sind aber
ihrem Texte nach wesentlich von einander verschieden und hatten eine jede in ihrem Archetypus andere, zum Theil sehr be-
deutende, Lücken. Die älteren Vertreter der Classe I sind
die Handschriften Eusebianus saec. X (E), Laurentianus plut.
66 cod. 20 saec. XI (F), Sessorianus saec. XI (S), Vossianus
Q. 101 saec. XI (L). Die ächte Ueberlieferung der Classe T
dagegen wird repräsentirt durch die Codices Puteaneus saec.
IX (A), Sangallensis saec. IX (H), Floriacensis, jetzt Vossianus Q. 32 saec. IX (V), Monacensis saec. X (M), Franeque-
ranus 24 saec. XI (R), Weingartensis, jetzt Gissensis saec.
XII (G), Bernensis 160 saec. XII (B), Bernensis 538 saec.
XII (D), Havniensis (G. K. S. 450) saec. XII, Parisinus 4951

saec. XII, Neapolitanus Nationalis IV C 44 (N), saec. XV
und Bernensis 116 saec. XV. Der Codex V ist von zwei
verschiedenen Händen, die beide noch dem neunten Jahrhundert angehören (V² und V³), durchcorrigirt worden und zwar
offenbar nicht ohne handschriftliche Hülfsmittel, da von beiden mehrfach grössere Lücken ausgefüllt werden, welche sich
in dem von der ersten Hand (V¹) herrührenden Texte finden.
Die Lesarten von V² und V³ aber weichen sosehr von denen
von V¹ ab, dass sie den Werth eines selbständigen Codex
gewinnen. Später ist die Handschrift noch von verschiedenen andern Händen (V⁴) corrigirt worden, welche jedoch
sämmtlich nur nach Conjectur geändert haben.

Während die Handschriften der italischen Classe keine
näheren Beziehungen unter einander aufweisen, zerfallen die
der transalpinen in mehrere scharf von einander geschiedene
Gruppen. Die erste davon bilden die Codices AHMGN und
Marburgensis, welche letztere Handschrift jedoch aus H abgeschrieben ist. Auch hier sondert sich wieder A bestimmt
ab von HMGN und stimmen die vier letzteren Handschriften.
abgesehen von kleinen Interpolationen, wie sie sich namentlich in N finden, auf das Genaueste miteinander überein. Die
andere Gruppe ist schwieriger zu zerlegen, da der Text von
B und D und des Havniensis, ursprünglich am nächsten mit R
und Bernensis 116 verwandt, in Folge einer mittelalterlichen
Recension viele Lesarten der verschiedenen Hände von V auf-
genommen hat, wie unten weiter dargelegt werden soll[1]).

Diese wenigen Bemerkungen über die Handschriften mussten zum Verständniss der folgenden Erörterungen voraus-
geschickt werden, die Belege zu den aufgestellten Behauptungen sind in dem bereits angezogenen Aufsatze gegeben worden. Ebendaselbst sind diejenigen Schriftsteller besprochen
worden, welche wirklich oder angeblich zur Zeit des römischen Reichs den Justinus benutzten, wie Ammianus Marcel-
linus, Hieronymus, Augustinus und Orosius.

Der älteste Schriftsteller, bei welchem sich nach dem
Sturze des weströmischen Kaiserthums Bekanntschaft mit Justinus nachweisen lässt, ist Cassiodorus. Denn obwohl

1) Ueber den Codex Parisinus 4951 besitze ich zu wenige Notizen,
als dass ich wagen dürfte, über seine Stellung zu den andern Handschriften dieser Gruppe ein bestimmtes Urtheil zu fällen.

er, wie wir aus Jordanes ersehen können, den Pompejus Trogus selbst benutzt hat, scheint er doch an einer Stelle seiner
Varia den Justin nachgeahmt zu haben. Die Wendung Var.
IX, 25 colligens quasi in unam coronam germen florum, quod
per librorum campos passim fuerat ante dispersum entspricht
wenigstens ziemlich genau den Worten des Justin (praef. 4):
Horum igitur quattuor et quadraginta uoluminum . . . . .
cognitione quaeque dignissima excerpsi et omissis his quae
nec cognoscendi voluptate iucunda nec exemplo erant neces-
saria breue ueluti florum corpusculum feci.

Dann hat Isidorus von Sevilla den Justinus in seinen Origines mehrfach benutzt und fast ein ganzes Capitel
in seine Schrift de natura rerum herübergenommen. Da
jedoch gerade diese Excerpte für einige der wichtigsten
kritischen Fragen in Betracht kommen, so habe ich auch
sie in anderem Zusammenhange behandelt.

Ungefähr gleichzeitig aber finden sich Anklänge an Justinus bei Johannes von Epiphanien. Dieser schreibt
nämlich (Müller, Fragmenta historicorum Graecorum IV p. 273)
Folgendes: „Τῶν ἔμπροσθέν μοι δοκεῖ διὰ βραχέων μνημο-
νεύσαντα πρότερον, οὕτω καὶ ἐπὶ τὸν ἄλλον ἀφικέσθαι λό-
γον· ὡς τοὺς μὲν εἰδότας ὑπομνησθῆναι τῶν κεκινημένων,
τοὺς δὲ μηδ' ὅλως ἀκηκοότας τὰς ἀφορμὰς ἔχειν εἰδέναι σα-
φῶς ἀφ' ὧν τὰ μετὰ ταῦτα πραχθέντα γεγόνασιν." Hier
liegt die Nachahmung der Worte des Justinus (Praef. 4) (florum corpusculum feci), ut haberent et qui Graece didicissent
quo admonerentur et qui non didicissent quo instruerentur,
auf der Hand. Die Stelle ist um so interessanter, als die
Worte quo admonerentur sich nur in der italischen Ueberlieferung finden und von Justus Jeep ihre Echtheit ange-
zweifelt worden ist. Durch diese Stelle des Johannes von
Epiphanien werden sie nun sowohl gesichert, als auch erklärt.
Es fragt sich nur, woher kennt Johannes den Justin. Eutropius wurde zwar bekanntlich ins Griechische übersetzt und
Florus — eine Thatsache, welche Allen, die über diesen
Schriftsteller geschrieben haben, entgangen zu sein scheint —
von Johannes Malalas sowohl benutzt, als citirt, d. h. also
von einem Manne, der ihn jedenfalls nur aus einer griechischen Bearbeitung irgend welcher Art kennen konnte, aber
von einer Uebersetzung des Justinus ins Griechische ist sonst

keine Spur aufzufinden, auch lag dazu nicht, wie bei jenen
andern beiden lateinischen Historikern eine praktische Veranlassung vor. Wir werden also wohl bis auf Weiteres annehmen müssen, dass Johannes den Justin im Original gelesen hat. Diese Vermuthung kann nichts Befremdendes
haben, wenn man bedenkt, wie gerade zu seiner Zeit, gleichzeitig mit der Wiederaufnahme der alten Imperatorentradi-
tionen und dem Versuch, die in Barbarenhünde gefallenen
Länder des Westens mit dem römischen Reiche aufs Neue
zu vereinen, das Studium der lateinischen Sprache im Orient
wiederum belebt und sogar zu einer gewissen Blüthe gebracht
wurde. Schrieb doch auch Priscianus in Konstantinopel!

Vom siebenten bis zum neunten Jahrhundert ist meines
Wissens eine Benutzung oder Erwähnung des Justinus nirgends nachweisbar. Beim Geographus Ravennas IV, 4
p. 174 f. ed. Pinder et Parthey heisst es freilich: Item iuxta
Oceanum confinalis praefatae regionis Colchiae est patria qua
dicitur ab antiquis Amazonum, postquam eas de Caucasis
montibus exisse legimus. De qua patria subtilius agunt supra
scriptus Pentesileus et Marpesius [marposius cod. Basil.] atque
Ptolomaeus rex Aegyptiorum Macedonum philosophi. Doch
bemerkt dazu G. B. De Rossi[1]) durchaus mit Recht: „che
l'anonimo, appresi da Giordane e da Orosio, autori assai a
lui cari, i nomi di coteste amazzoni, le abbia trasformate in
filosofi cosmografi, come fece, e tosto il vedremo. di molte e
molte altre coppie di storici personaggi." Ich möchte noch
besonders hervorheben, dass gerade Jordanes von dem Geo-
graphen IV, 1 und IV, 5 ausdrücklich citirt wird. An eine
Benutzung des Justinus ist keinesfalls zu denken.

Etwas schwieriger ist jener Schwindler auf seine Quellen
zurückzuführen, welcher unter dem Namen des Aethicus
Ister und des Hieronymus schreibt, sein Werk um 630 p. C.
verfasst haben muss und wahrscheinlich im Merowingerreiche
gelebt hat. Er berührt sich mit Justin im 67. und 68. Capitel und ausserdem an mehreren Stellen, welche vom Aetna
handeln. Als Quellen kämen zunächst in Betracht Justinus,
Orosius und Jordanes. Gleich bei oberflächlicher Vergleichung
aber ergiebt sich, dass das 68. Capitel des Aethicus nicht aus

1) Sopra il cosmografo Ravennate (Roma 1852) p. 11 f.

unserem heutigen Justin geflossen sein kann. Dort ist näm-
lich (p. 50 Zeile 30. 31 Wuttke) von den themiscyrischen
Gefilden in confinio Schitico atque Ponticae prouinciae Cap-
padocianaeque die Rede, während Just. II, 4, 2 bloss sagt in
Cappadociae ora iuxta amnem Thermodonta consederunt.
Orosius I, 15 p. 64 Haverk. bietet freilich in Cappadociae
Ponticae[1]) ora iuxta amnem Thermodontem consederunt vnd
es hat alle Wahrscheinlichkeit für sich, dass er diese Lesart
bereits in seinem Justinexemplare vorgefunden. An eine
Benutzung des Orosius durch Aethicus zu denken aber ist
von vornherein misslich, weil die Stellen über den Aetna[2])
zwar mit Just. IV, 1, 2—4. 6. 8. 13. IV, 2, 3 stimmen, aber
nicht auf Oros. II, 14 zurückgeführt werden können, obwohl
sich Orosius und Aethicus in dem Ausdruck nutrix tyrannorum begegnen. Eine gleichzeitige Benutzung beider Schriftsteller aber ist ebenso undenkbar, wie die Verwendung eines
den unsrigen an Güte überlegenen Justintextes von Seiten
des Aethicus. Orosius und Justin nämlich stimmen in der
ferneren Schilderung der Amazonenkämpfe mit einander ziemlich genau überein, Aethicus aber weicht ab. Der Letztere

---

1) So lesen die Codices Donaueschingensis saec. IX und Vaticanus 1974 saec. X offenbar richtig. Pontique scheint eine verunglückte
Emendation. Der Codex Laurentianus fehlt bekanntlich für diese Partie, von dem Codex von Laon besitze ich keine Collation.

2) ut Aethna et uulcanus aut Cimaera, quae ex sulphoria terra,
aquis, parumper flatu, inhiantibus baratris, africo flante ignem uel sul-
phorem emittunt. Aeth. p. 38 v. 22 ff. Hoc miraculum hic intulit quod
in tot gurgitum maris inaestimabiles et inaccessibiles quo modo in-
mensa ardentia et inaccessibiles flammae eructantur. Aeth. p.58 v. 6 ff.
Terra uero quae ab utrisque partibus sicut et reliquae mare circumda-
ta, ualde quoque bona, multum frugifera; aurum plurimum abundans
et optimum, etenim multis in ea cauernis et fistolis. Ventis ualidis
semper agitata. Sulphore quippe plena, ubi est et Aethna mons magnus et famosissimus, qui ab stultis ab inferis autumatur urendo ra-
dice procedere et cum fumo et fetore flammae sursum eructuare. Sed
falsa opinio est. Nam cum feruente mare et uiolentia uentorum terra
sulphoria nimia areditate incaluerit, statim fumum ac flammam ex-
halat . . . . In cuius uicinio freto Scilla et Karibdis sunt, quibus naui-
gia ualde magno naufragio absorbuntur et conleduntur. Insola namque tyrannorum nutrix, habet urbem metropolym Serecusam. Aeth.
p. 74 v. 9 ff., 21 ff. Der letzte Satz verbietet, an eine Benutzung von
Isidor de natura rerum zu denken.

nämlich lässt die Amazonen p. 51 v. 29 ff. sehr verständiger
Weise zuerst einen grossen Theil Asiens erobern und dann
erst den Boden Europas betreten, bei Justinus (II, 4, 14) wie
bei Orosius erobern sie zunächst maiorem partem Europae
und dann einige Städte in Asien. Eine verkehrte Combination des Aethicus ist das nicht. Mag sich Pompejus Trogus
immerhin vorgestellt haben, die Amazonen stammten aus dem
europäischen Skythien[1]), wenn sie sich einmal in Kappado-
kien niedergelassen hatten, so mussten sie zuerst Kleinasien
unterworfen haben, ehe sie Streifzüge nach Europa unternehmen
könnten. Nun könnte Jordanes in Betracht kommen, der
ja auch (De orig. Get. c. 10) Tomi — denn das ist doch die
von Aethicus p. 50 v. 3 Tamisia genannte Stadt — von Tomyris gründen lässt. Allein bei ihm fehlt Mehreres, was
Justin, Orosius und Aethicus berichten, insbesondere der Name
der Orithya.

Alle diese Schwierigkeiten lassen sich nur durch eine
Annahme beseitigen; führen wir die Angaben des Aethicus
auf Pompejus Trogus selbst zurück, so ist Alles klar und ein-
fach und ergibt sich nirgends ein Widerspruch. Und einzelne
Züge bei Aethicus erheben diese Vermuthung zur höchsten
Wahrscheinlichkeit. Justin schreibt nämlich II, 4, 12—14
Folgendes:

Duae his (sc. Amazonibus) reginae fuere, Marpesia et
Lampedo, quae in duas partes agmine diuiso inclitae iam opi-
bus uicibus gerebant bella, soli terminos alternis defendentes,
et ne successibus deesset auctoritas, genitas se Marte praedi-
cabant. Itaque maiore parte Europae subacta Asiae quoque
nonnullas ciuitates occupauere. Wenn nun Aethicus das so
umschreibt: Harum duas reginas pulchras atque gignaras eli-
gentes instituunt, quarum una Marpoesia, alia Lampoeto
uocabatur, quae ex utraque parte curam belli gerebant et mul-
titudinem non modicam conciouantes ad praelium uicinas regiones uastantes ad tuciora loca priora exuuiis magnis detractis
remeabant: donec tandem aliquando cum ingenti exercitu ab
ipsis locis munitissimis egressae . . . Asiam maxima parte
uastantes . . . Europam properantes peraccedunt, so wird man

---

1) Alfred von Gutschmid, Ueber die Fragmente des Pompejus
Trogus im zweiten Supplementband von Fleckeisens Jahrbüchern p. 198.

kaum leugnen können, dass etwas Aehnliches, wie die Worte uicinas regiones — remeabant wirklich bei Trogus gestanden haben muss. Auch wird man zugeben, dass Ausdrücke, wie feminas fortissimas tam in opere quam in acie *doctas* atque intemeratas (Aeth. p. 50 v. 18) und ut erant edoctae (p. 51 v. 35) sehr an das doctae a uiris in dem Fragment des Trogus bei Jordanes Get. c. 7[1]) gemahnen, dadurch sogar allein verständlich werden. Den grenzenlosen Unsinn, welchen der Fälscher in dem letzten Theile des 67. Capitels zusammengeschrieben hat, muss man ebenfalls auf Andeutungen des Trogus zurückführen. Zu dem, was er über Ninus sagt, haben die Notizen, welche uns Justinus II, 3, 18 und I, 1, 4 aufbewahrt hat, die Veranlassung geliefert.

Ganz unabhängig von Trogus sind natürlich die Albernheiten, welche über die Waffen der Amazonen vorgebracht werden, sie sind ein ebenso rechtmässiges Eigenthum des frommen Kosmographen, als sein fredegarisches Latein. Uebrigens wird p. 51 v. 12 wirklich parma zu lesen sein, da die mit Erdpech und dem Blute der eigenen Kinder bereiteten Waffen p. 52 v. 22 ebenso bezeichnet werden. Ob der Verfasser mit dieser Vocabel einen ganz bestimmten Begriff verbunden hat, mag dahingestellt bleiben.

Dass das Werk des Trogus selbst benutzt sein sollte, ist sehr zu bezweifeln; es müssen anderweitig verarbeitete Auszüge aus Trogus gewesen sein, welche von dem Fälscher seinem Machwerk einverleibt wurden. Aller Wahrscheinlichkeit nach war es die gothische Geschichte des Cassiodorus, aus der er schöpfte. Dass Tomi von Tomyris Ursprung und Namen herleite ist eine Ansicht, welche dem Trogus zuzutrauen doch unmöglich ist. Sie findet sich, wie wir gesehen haben, bei Aethicus und Jordanes, Jordanes aber hat, wie Schirren gezeigt hat, lediglich einen Auszug aus Cassiodorus veranstaltet und dieser wäre, soviel wir ihn kennen, vielleicht auf eine solche Etymologie noch stolz gewesen. Ob er direct Quelle des Aethicus ist oder diesem nur durch Vermittelung gallischer historischer Aufzeichnungen bekannt war, wie sie Gregor von Tours vorlagen[2]), wird zweifelhaft bleiben müssen,

---

1) Vgl. Gutschmid a. a. O. p. 198.
2) Junghans, die Geschichte der fränkischen Könige Childerich und Chlodowech passim; Zusammenstellung p. 151 f.

ich würde mich für das erstere zu entscheiden vorziehen, da
jene Aufzeichnungen wesentlich annalistisch gewesen zu sein
scheinen.

Im karolingischen Reiche taucht Justin plötzlich wieder
auf, wird viel gelesen und benutzt und Object der eifrigsten
philologischen Bemühungen. Wir kennen aus dieser Zeit die
Handschriften von Fleury sur Loire (V), den Puteaneus (A),
den Sangallensis (H) und derselben Epoche dürften die Codices von Fulda, welche Modius benutzt hat, die Handschriften
von Corbie[1]), von Korvey[2]), von Konstanz[3]), vielleicht auch
die von Rebais[4]) angehören, welche sämmtlich verloren zu
sein scheinen. Doch darf man sich von der Verbreitung und
Benutzung des Autors immerhin keine zu grosse Vorstellung
machen. Lupus von Ferrières zwar hat ihn gelesen und
scheint ihn — nach seiner Correspondenz zu urtheilen —
nicht für selten gehalten zu haben, aber die andern Brief-
sammlungen aus dieser Zeit erwähnen ihn nicht: Regino
von Prüm hat gegen das Ende dieser Periode seinen Stil
nachgeahmt und seine Worte zur Schilderung der Zeit-
geschichte verwandt, aber der grosse Frekulf von Lisieux,
ein Geschichtschreiber, mit dem sich bis auf Blondus von
Forlì kein anderer zu vergleichen wagen darf, hat ihn nicht
benutzt, sondern sich an Orosius gehalten. Auch was in der
Historia miscella an Justin anklingt, geht nicht auf ihn, sondern auf die Origines des Isidorus zurück.

Die Klöster, in welchen wir Justin antreffen, gehören
alle zu denjenigen, welche von den Karolingern besonders
begünstigt wurden. Die Tradition ist im Wesentlichen dieselbe, alle Handschriften gehören der Klasse T an. Woher
das Original dieser Codices stammte, ist unbekannt, vielleicht
war es in Gallien durch die Stürme der Völkerwanderung
und der Merowingerzeiten hindurch gerettet worden. Es

1) Katalog mitgetheilt von Mai, Specilegium Romanum V p 206.
2) Katalog im Codex Middlehillensis 1865 Meermaunianus 763
saec. XII, mitgetheilt von Haenel im Serapeum II p. 107 ff.
3) Lassberg im Serapeum I p. 81 ff.
4) Katalog saec. XI—XII, auszugsweise mitgetheilt von Lucian
Müller in Jahn's Jahrbüchern Band 97 p. 66 ff. Nach einer gütigen
Mittheilung des Herrn Dr. Du Rieu steht übrigens im Codex, unus
epithom*ator* Justini super Trogum Pompeium

wäre aber sehr interessant, zu wissen, ob wir es wirklich mit
nur Einem Original zu thun haben, oder mit zwei verschiedenen;
wir würden dann den Umfang der philologischen Thätigkeit
genauer beurtheilen können, welche jene gelehrten Kloster-
brüder, die dem in Barbarei versunkenen Frankenreiche zuerst wieder das Licht der Wissenschaft brachten, unserem
Autor zuwandten. Denn ihre Textkritik war, wenn auch
nicht sehr methodisch, doch sehr umfangreich, alle Handschriften, welche sie nur auftreiben konnten, brachten sie
zusammen, um danach das Exemplar ihres Klosters zu verbessern; ihre Conjecturalkritik änderte nicht nur einzelne
Stellen, sondern erstreckte sich nicht selten auf eine durch-
gängige Recension eines Schriftstellers. Ein lebendiges Bild
von dem ganzen Treiben gewährt der noch lange nicht genügend ausgebeutete Briefwechsel des schon erwähnten Abtes
Lupus von Ferrières.

Die nordischen Justinhandschriften sind sehr geeignet,
das zu erläutern. Der Codex A bietet einen ganz verwilder-
ten Text, unzählige Fehler, fast durchgängig falsche Wort-
trennung und daneben doch auch selbständige Interpolationen.
Die Codices H G M dagegen sind sehr schön und correct geschrieben, H, auf den es hier wesentlich ankommt, sogar mit
musterhafter Sorgfalt, die Worte sind dem richtigen Sinn
nach getrennt, Schreibfehler kommen fast gar nicht vor, aber
es lässt sich zeigen, dass der Text auf eine umfassende Recension zurückgeht, die an den meisten Stellen verständig
verfahren, vielfach jedoch auch an die Stelle des Ursprünglichen schlechte Conjecturen gesetzt hat. Und die Ueberlieferung von V^1 ist an sich nicht schlechter, aber wieder
durch andere Interpolationen entstellt, zwei Mal ist der Codex, wie oben (p. 4) schon angedeutet, noch im 9. Jahrhundert mit andern Handschriften verglichen und dabei
noch offenbar von den Collationatoren nach eigenem Gut-
dünken verbessert worden.

Die Verwandtschaft, in welcher der Codex Puteaneus,
der doch höchst wahrscheinlich westfränkischen Ursprungs
ist, zu H G M steht, macht es wahrscheinlich, dass auch die
deutschen Handschriften auf einen westfränkischen Codex
zurückgehen, und man möchte vermuthen, dass ihr Text
seine jetzige Gestalt in Fulda, etwa unter der Leitung des

Hrabanus Maurus erhalten habe. Die alten Fuldaer Handschriften, welche Modius benutzte, gehörten wenigstens dieser Klasse an. Dann würde Justin etwa von dort nach Konstanz gekommen sein und aus dem dortigen Exemplare entsprängen die Codices H M und G.

Für den Text des Justin geben die Schriftsteller dieser Periode keine brauchbare Ausbeute. Lupus hat bloss XXXVII, 2, 2. 3 ausgeschrieben und es heisst bei ihm (ep. 21) folgendermassen: „Nam et eo quo genitus est anno et eo quo regnare primum coepit stella cometes septuaginta diebus ita eluxit ut coelum omne flagrare uideretur. Quartam coeli partem occupauerat et fulguris sui radiis nitorem solis uicerat et cum moreretur occumberetque quattuor horarum spatium consumebat." Es fehlen also bei ihm die Worte „nam et magnitudine sui, was wohl zufällig ist, er bietet eluxit statt luxit, worauf — auch wenn die Handschrift wirklich so hat — nichts ankommt; er hat ferner flagrare statt conflagrare, übereinstimmend mit B, was — wenn es sich nicht sonst schon genügend erweisen liesse — einen neuen Grund dafür abgäbe, dass die Eigenthümlichkeiten der Ueberlieferung dieses Codex zum Theil sehr alt sind, es heisst bei ihm cum moreretur statt cum oriretur, was auf einen Abschreiber- oder Setzerfehler hinausläuft, er hat aber endlich auch „et fulgoris sui radiis nitorem solis uicerat", und diese Lesart verdient immerhin Beachtung. Indessen aus der Uebereinstimmung von I mit A H G dürfen wir wohl schliessen, dass schon der Urcodex fulgore sui solis nitorem uicerat hatte und werden wir die Lesart des Lupus für eine bewusste Interpolation erklären müssen. Wenn er mit V (B D R Bern. 116?) las: fulgoris sui solis nitorem uicerat, so musste ihm eine Emendation nothwendig erscheinen und wenn er desshalb radiis einschob, so ist diese Verbesserung zwar nicht glücklich zu nennen, aber immerhin nicht schlechter, als Hunderte von den heute vorgebrachten Conjecturen.

Regino hat zum Jahre 889 Justin II, 2. 3 und XLI, 2. 3 ausgeschrieben. Er weicht theilweise sehr von unsern Texten ab, aber die Ursache liegt hauptsächlich darin, dass er die Magyaren und nicht die Skythen oder Parther zu schildern hatte. Er bedient sich der Worte des Justin einestheils aus Bequemlichkeit, anderntheils auch wohl desshalb, weil er es für seine Aufgabe hielt, sich möglichst an die Muster der klassischen Schriftsteller anzuschliessen. Man weiss, wie allgemein diese Anschauung bei den Historikern jener Zeiten verbreitet war, zu welch sonderbaren Darstellungen, ja gelegentlich zu welchem Unsinn sie verleitete[1]). Danach sind zunächst der Zusatz zu Just. II, 2, 7 (uenationum et piscationum exercitiis inseruiunt) und die völlige Verkehrung seiner Worte XLI, 3, 7 (quippe eandem ferocitatem feminis quam uiris adsignant) als Eigenthum des Regino auszuscheiden. Sie verrathen sich als solches auch bereits durch ihre sprachliche Form. Weiter ist nicht mit Pertz aus den Worten des Regino ire meditari consistere ac colloqui solent auch bei Justin XLI, 3, 4 meditari statt mercari in den Text zu setzen, sondern entweder bei Regino meditari in mercari zu verändern oder jenes Wort für einen lapsus calami zu erklären, wie er einem Mönche leicht begegnen konnte. Endlich hätte Pertz wohlgethan, bei den Worten pugnant autem procurrentibus equis dem Karlsruher Codex saec. XI zu folgen und aut statt autem zu schreiben, da die Logik der Sache das doppelte aut bei Regino wie bei Justin genügend schützt. Im Uebrigen ist der Justintext des Regino einfach transalpin, er bietet ithasi (Just. II, 2, 1), tecti munimento pecora et armenta alimentaque (Just. II, 2, 6), sopiriona (Just. II, 3, 4), si quantus est impetus, uis tanta (Just. XLI, 2, 8). Zweifelhaft könnte man nur in Bezug auf Justin. II, 2, 9 sein. Diese Stelle gibt Regino so wieder: Lanae his usus ac uestium ignotus et quamquam continuis frigoribus *afficiantur*, pellibus *tantum* ferinis ac murinis *induuntur*. Indessen hier ist zunächst afficiantur ein einfaches Synonym, das Regino der grösseren Deutlichkeit halber gewählt hat, bei der Lesart von V B D R utantur nicht ohne Grund, induuntur wird ebenso zu erklären sein und was tantum betrifft, so hat man zwar schon im fünfzehnten Jahrhundert dieses

---

1) Die consequenteste Durchführung dieses Princips ist bekanntlich das Leben Karl's des Grossen von Einhard, den ärgsten Unfug hat aber wohl Widukind von Korvey damit zu Wege gebracht, wenn er I, 39. III, 49) Heinrich I. und Otto I. auf den Schlachtfeldern von Riade und Augsburg als pater patriae und imperator begrüssen lässt. Dass freilich eine derartige Abhängigkeit von den klassischen Autoren nur an einzelnen Stellen hervortritt, ist bekannt und natürlich.

Wort nicht ohne Wahrscheinlichkeit statt des sonst über-
lieferten tamen vermuthet, doch nicht ohne Widerspruch gefunden zu haben, und die Uebereinstimmung von I und T
lässt tamen bis auf Weiteres als Lesart des Urcodex fest-
halten. Wenn endlich Regino mit I liest quibus coriis
(Just. II, 2, 4), während T bloss coriis hat, so wird es wohl
erlaubt sein, an eine Einfügung von quibus durch Conjectur zu denken.

Das einzige interessante Resultat, welches der Justintext
dieser beiden Schriftsteller bietet, ist also der Umstand, dass sie
der eigenthümlichen französischen Ueberlieferung gefolgt
sind, welche für uns durch V R B D repräsentirt wird.

Auch in Kärnthen muss übrigens im 9. Jahrhundert
ein Codex des Justin existirt haben. Unter den unechten
Zusätzen im Codex Lavantinus des sogenannten Sergius findet
sich nämlich folgende Stelle: „sarcasmos hostilis inrisio
hostilis: Justinus adbreuiator pampegi Trogi refort reginam,
quando cum filium occisum per obsidionem ulcisceretur, caput
inimicis regis abscimum utri sanguine pleno immersise atque
eadem dixisse: satia te sanguine, quem tam diu sitisti.
(Keil, Grammatici Latini IV, p. 565). Die angezogene Stelle
ist Just. I, 8, 13. Näheres über die Beschaffenheit des Codex
ist aus derselben leider nicht zu erschliessen.

Nicht unmöglich wäre es, dass die ältere polnische
Justinüberlieferung aus Kärnthen stammte, doch lässt sich
ein Beweis auch nicht entfernt führen. Wir können nur
das Eine mit Sicherheit sagen, dass Justinus nicht zu den
Büchern gehörte, welche der Bischof Lucilius von Smo-
gorzow aus Italien kommen liess[1] Denn der Text, welcher
Vincentius Kadłubek vorgelegen hat, muss mit dem der
Klasse T gestimmt haben, obwohl in den uns bei diesem erhaltenen Auszügen nur wenige Stellen vorkommen, welche
für die Handschriftenfamilien charakteristisch sind. Der Ursprung dieser polnischen Ueberlieferung muss daher diesseits
der Alpen gesucht werden.

Die Klarstellung des Verhältnisses von Vincentius
Kadłubek zu Justinus verdanken wir Alfred von Gutschmid,

1) Dies vermuthete Alfred von Gutschmid, Ueber die Fragmente
das Pompejus Trogus p. 219.

welcher in seiner Abhandlung „Kritik der polnischen Urgeschichte des Vincentius Kadłubek"[1]) seine Schriftstellerei
beleuchtet und in seiner Schrift über die Fragmente des
Pompejus Trogus, p. 205 ff., die Benutzung des Justin im
Einzelnen nachgewiesen und besprochen hat. An eine Benutzung des Trogus selbst, welche Bielowski in seiner Frag-
mentsammlung behauptet hatte, wird danach Niemand
mehr denken. Einzelne weitere dem Justin abgelauschte
Redewendungen hat dann Zeissberg[2]) ergänzend nachgewiesen.
Zeissberg hat zugleich Widerspruch gegen den Vorwurf
wissentlichen Betrugs erhoben, welchen Gutschmid dem
Vincentius gemacht. Man wird vielleicht zugeben können,
dass es einen Grad gelehrter Ignoranz gibt, bei dem man
immer zweifelhaft sein wird, ob man es mit bewussten Lügen
oder mit unabsichtlichen Unwahrheiten zu thun hat; in allem
Sachlichen aber sind die Behauptungen Gutschmid's, so weit
sie uns hier interessiren können, gewiss unwidersprechlich.
Die schöne Geschichte von dem Hasse des Königs Kodros
gegen theatralische Vorstellungen z. B., welche Zeissberg
(S. 111 ff.) gewiss mit Recht auf justinische Andeutungen
zurückführt, lässt nur die Wahl, ob wir Vincentius für einen
Erzlügner oder für einen der dümmsten Menschen aller Zeiten
erklären wollen.

Für die Beurtheilung des Textes des Vincentius bin ich
leider bloss auf die Ausgabe am Schlusse des Leipziger Ab-
drucks des Długosz angewiesen gewesen. Wenn auch die
Warschauer Ausgabe, wie die von Przezdziecki bei ihrer
grossen Incorrectheit wenig Ausbeute geboten haben würden,
so hatte ich doch mehrfach Gelegenheit, zu bedauern, dass
mir auch diejenige von Mułkowski und insbesondere die von
Bielowski nicht zugänglich waren.

Wie schon bemerkt, lässt sich die Uebereinstimmung von
Vincentius mit einer oder der andern unserer Handschriften-
klassen nur an wenigen Stellen zeigen. Diejenigen, an
welchen er mit T gegen I übereinstimmt, sind folgende:
Vinc. II, 28 (= Just. II, 6, 16) Dorenses. Vinc. II, 5

---

1) Archiv für Kunde österreichischer Geschichtsquellen XVII p. 295 ff.
2) Vincentius Kadłubek, Bischof von Krakau, und seine Chronik
Polens im Archiv für österreichische Geschichte XLII p. 1 ff. Vgl. besonders p. 113 ff.

(= Just. XI, 10, 8) Datomis, was nur aus der transalpinen Lesart Abdatonymus, nicht aus der italischen Abactonimus entstanden sein kann.

Vinc. III, 25 (= Just. XI, 15, 8) regna, wo J regnum liest.

Vinc. III, 20 (= Just. XII, 10, 2) Abigei, was nur aus der transalpinen Lesart Ambigeri, nicht aus der italischen Ambi zu erklären oder zu verbessern ist.

Vinc. II, 5 (= Just. XIII, 4, 10) Aegyptum Africam Libyaeque partem.

Vinc. I, 19 (= Just. XV, 2, 1) Abdelitae, was der interpolirten Lesart von T Abderitas entspricht und sich auch in einigen Handschriften erhalten hat.

Vinc. II, 24 (= Just. XVIII, 7, 7) Malei.

Vinc. I, 11 (= Just. XXIV, 5, 14) sed in nomine ducis iurare, wo J nach ducis noch belli einschiebt.

Vinc. I, 17, (= Just, XXXIX, 5, 6) Crociuius, was ein Lesefehler des Herausgebers für das transalpine Erotimus sein wird, keinesfalls aber mit dem italischen Hierotimus zusammenhängt.

Vinc. II, 24 (= Just. XLI, 6, 5), wo et vor per sanguinem in T wie bei Vincenz fehlt, endlich

Vinc. II, 24 (= Just. XLIII, 4, 3) Solgobriorum statt Segobrigiorum. Die Silbe gi fehlt an allen Stellen in allen Handschriften der Klasse T.

Nur eine Stelle macht Schwierigkeiten. Vinc. I, 13 heisst es: Tunc intellectum est *quantum seruilibus dominorum* ingenia praestarent. Das entspricht Justin XVIII, 3, 14. Statt der cursiv gedruckten Worte ist in T überliefert quantum ingenua seruilibus, in I quanto dominorum (domitiorum L), mit Auslassung von seruilibus, in C endlich quanto dno̷ seruilibus. Eine Benutzung von I wird danach durch die Worte quantum seruilibus ausgeschlossen, und dass C hier von Einfluss gewesen sei, wofür sich sonst bei Viucentius kein Anhalt findet, wird durch die Lesart quantum anzunehmen verboten. Da nun diese mit T stimmt und Vincentius sonst immer dieser Klasse folgt, so liegt am Nächsten, jenes dominorum für eine Umformung des Textes zu halten, wie sie Vincentius zu Dutzenden vorgenommen hat und das Zusammentreffen mit I und C für zufällig. Wahrscheinlich

hielt Vincenz ingenua für ein seltenes Wort, welches der
Deutlichkeit wegen durch ein Synonym zu ersetzen sei.
Man würde ja überhaupt sehr Unrecht thun, wenn man alle
seine Abweichungen von unserem Justintext auf eine handschriftliche Grundlage zurückführen wollte. Bei seinem Verfahren, wie es Gutschmid so klar aufgedeckt hat, ist das auch
gar nicht anders möglich. Ich habe mir die wesentlichsten
dieser Abweichungen zusammengestellt, glaube aber die Leser
damit verschonen zu dürfen. Einzelne von ihnen beruhen
übrigens auf Conjecturen des Vincentius, bald leidlich glück-
lichen (z. B. Vinc. II, 4 = Just. XI, 7, 10 rege discordanti-
bus opus esse), bald überflüssigen (wie Vinc. II, 5 = Just. XI,
10, 9 *multis* spretis nobilibus, ne generis id, non dantis bene-
ficium *putaretur*), bald entschieden falschen. Von den letzteren ist am Ergötzlichsten die IV, 5 vorgebrachte. Die
Stelle entspricht Just. XXXVII, 2, 2 ff., Worte, die ja auch
Lupus ausgeschrieben. Bei Vincentius heisst es nun folgendermassen: An ignoratis regem Ponti Mithridatem, cuius futu-
ram celsitudinem etiam coelestia signa praedixerunt? Nam
et eo quo genitus est anno et eo quo regnare coepit stella cometes per utrumque tempus illuxit quadraginta diebus, ut
coelum omne flagrare uideretur, quae in ortu siue in occasu
quattuor horas consumebat, per quod probatur *sextam* coeli
partem magnitudine occupasse. Bei Justin XXXVII, 2, 3
aber steht: Nam et magnitudine sui *quartam* partem coeli
occupauerat . . . . et cum oriretur occumberetque, quattuor
horarum spatium consumebat. Jenes per quod probatur lehrt
nun, dass der Pole annahm, ein Komet müsse, wenn er
x Stunden täglich sichtbar sei, auch $\frac{x}{24}$ des Himmels ein-
nehmen und darnach den ihm vorliegenden Text änderte,
nicht ohne sich auf diesen seinen Scharfsinn etwas zu Gute
zu thun. Ob nun die Angabe, der Komet habe 40 Nächte
hindurch am Himmel gestanden, statt, wie unsere Justinhandschriften wollen, siebzig, auch auf irgendwelche nationale
Astronomie zurückgeht oder auf einem Versehen beruht,
wage ich nicht zu entscheiden; für den Justintext scheint
mir die Frage gleichgültig.

Eine Stelle bei Vincentius gibt es jedoch, die ernstlich
für die Textgeschichte in Frage kommen könnte. Bei

Justin XXXVII, 3, 1 fehlen die Worte sed de augendo in
A H G V (von R B D Bern. 116 besitze ich keine Collation
für dieses Buch), in dem mir vorliegenden Texte des Vincentius
aber heisst es (IV, 5): hinc de augendo deinde regno cogitauit.
Diese Worte muss ich bekennen, nicht zu verstehen und halte
ich sie für corrupt. Da nun aber jetzt ein diplomatischer
Text des Vincentius vorliegen soll, so wird es günstiger Ge-
stellten wohl möglich sein, auch diese Schwierigkeit zu beseitigen. Am Wahrscheinlichsten scheint mir, dass jene in
A H G V fehlenden Worte sich in einer der Handschriften
R B D Bern. 116 wirklich finden. Sollte das der Fall sein,
so würden wir die Heimath der älteren polnischen Justinüberlieferung in Frankreich suchen müssen[1].

In Westeuropa ward Justin fortgesetzt als Compendium
der alten Geschichte benutzt, ohne dass uns viele Nachrichten
darüber erhalten wären. Auch Blüthenlesen wurden aus ihm
veranstaltet. Zwar der Codex Monacensis saec. X (M) hat
seinen eigenthümlichen Charakter wohl dem Umstande zu
verdanken, dass er aus den erhaltenen Quaternionen einer
stark beschädigten Handschrift abgeschrieben wurde, aber der
Codex Parisinus 6256, welcher demselben Jahrhundert angehört, ist von Anfang an als Florilegium angelegt worden.
Derselben Epoche gehört der verschollene Codex Monte-
pessulanus an, dem elften Jahrhundert der Codex Franeque-
ranus 24, welcher, in Genf gekauft, wahrscheinlich gleichfalls
aus Frankreich stammt.

Ungemein häufig und verbreitet muss Justin zur Zeit der
grossen Scholastiker des 12. und 13. Jahrhunderts gewesen
sein. Von deutschen Handschriften kennen wir aus dieser
Zeit die von Weingarten (G), von Marbach, jetzt in Schlettstadt[2]) und von Engelberg[3]), aus Frankreich den Bernensis
160 und 538, die Parisini 4951, 4952, 4953 und 4954, den
verschollenen Lexoviensis, alle saec. XII, die Parisini 4874
und 4953 saec. XIII, sowie den Havniensis saec. XII, aus

---

1) Septuaginta bei Vinc. III, 17 = Just. XXIV, 7, 9 statt sexaginta
quinque ist entweder als runde Zahl zu fassen oder durch Verwechse-
lung von V und X entstanden.

2) Vgl. Catalogue général des bibliothèques des départements
III p. 587.

3) Pertz' Archiv VIII p. 179.

England eine Reihe Handschriften, von denen später die
Rede sein wird. Gar nicht verglichen sind von diesen die
Codices von Schlettstadt und Engelberg und die Parisini
4952. 4955 und 4954. 4878. 4953, von allen übrigen ist
wenigstens der transalpine Ursprung festgestellt, aber nur
von G B D und dem Havniensis sind grössere Stücke verglichen, welche den Text im Einzelnen zu beurtheilen erlauben. Während nun G einfach die Recension wiedergibt,
welche auch durch H, M und N repräsentirt wird, zeigt sich
in B und D, welche nahe mit den verschiedenen Händen in
V und R verwandt sind, schon vielfach selbständige Interpolation. In dem Havniensis begegnen wir dagegen den
ersten schüchternen Versuchen einer kritischen Textesrecension.
Diese Handschrift ist in Frankreich geschrieben, wurde von
Erzbischof Absalon nach Dänemark gebracht und dem Kloster
Soroe geschenkt, dann von Saxo Grammaticus benutzt und
interpolirt. Der Text der ersten Hand beruht auf einer
V R ähnlichen Grundlage, doch finden sich bereits mehrfach
Lesarten der Gruppe H G M. Eine zweite gleichzeitige Hand,
welche den Codex sorgfältig durchcorrigirte, hat dann zu
diesem Geschäfte einen Codex dieser Gruppe zugezogen und
endlich hat eine dritte Hand Scholien beigeschrieben und
ebenfalls Lesarten mit Benutzung handschriftlicher Hülfsmittel
geändert. Die Recensenten suchten demnach offenbar aus
allen ihnen zugänglichen Handschriften dasjenige, was ihnen
brauchbar schien, zusammen. Dabei hat sich keiner von
ihnen gescheut, die kühnsten Conjecturen ohne Weiteres in
den Text zu setzen. Wenn die ursprüngliche Lesart zu weit
von der Conjectur abwich, so ward sie am Rande notirt[1]).

Auch die Schriftsteller jener Zeit haben den Text des
Justinus mannigfach nach ihren Zwecken umgewandelt, doch
lässt sich bei allen zeigen, dass sie der Recension von T gefolgt sind. Ihr Werth für die Texteskritik ist gleich Null,
höchstens, dass hier und da eine von ihren Conjecturen zu
gebrauchen ist. Sehr erschwert wird ihre Benutzung übrigens
durch den Umstand, dass wir von keinem derselben eine
kritische Ausgabe besitzen, so sehr auch z. B. Johannes von
Salisbury und Vincenz von Beauvais diese Ehre verdienten.

---

1) Für die nähere Begründung dieser Behauptungen muss ich auf
die mehrfach angezogene Abhandlung verweisen.

Johannes von Salisbury hat in seinem Policraticus
eine nicht unbedeutende Anzahl von Stellen des Justin ausgeschrieben, welche ihm als Beispiele für seine Behauptungen
und als Analogien für seine Erzählungen dienen sollten.
Ganz genau citirt er dabei selten, Auslassungen und Um-
stellungen sind häufig, gelegentlich werden auch ganze Sätze
umgeformt. Doch lässt sich immerhin erkennen, welcher
Art der Text war, der ihm vorlag. Er muss zu der Klasse
T gehört haben, mit welcher er an allen charakteristischen
Stellen übereinstimmt. Man vergleiche

Pol. VI, 14 = Just. I, 3, 3 tractantesque ferrum et arma
habentes — § 5 recepit

Pol. VI, 16 = Just. I, 6, 13 — 15 Cum enim irruentibus
Medis acies Persarum *pulsata* in fugam ageretur.

Pol. IV, 3 = Just. II, 6, 16 Dorenses

Pol. IV, 3 = Just. III, 2, 9 firmauit

Pol. VI, 24 = Just. VII, 2, 8 pone aciem

Pol. V, 12 = Just. IX, 8, 6 quaestus § 8 in seria et

Pol. VII, 4 = Just. XX, 4, 3 cui nomen *Maratus* erat[1])
— formatus § 11 ipsi deae

Pol. VI, 14 = Just. XLI, 2, 8 quantus est eorum impetus, tanta perseuerantia esset.

Mit I stimmt Johannes nur an einer einzigen Stelle
(Pol. VI, 14 = Just. I, 3, 2 purpuram) und diese Uebereinstimmung kann sehr gut einem Zufall oder gar erst unsern
incorrecten Drucken ihren Ursprung verdanken. Der Codex
aber, welcher ihm vorlag, muss eine V sehr ähnliche Ueberlieferung repräsentirt haben. Man vergleiche z. B.

Pol. IV, 3 = Just. III, 2, 12 usum *et* omnium

Pol. V, 12 = Just. IX, 8, 15 manum conserere fehlt

Just. IX, 8, 21 liest V: operis tantum, I A II G operis
totius, Pol. V, 12 heisst es operis tanti

Pol. V, 17 = Just. XV, 4, 17 fluentem

Pol. VI, 14 = Just. XXXVIII, 10, 3 facerent (so V² E² L,
tierent V¹ G H E¹ F S, figerent A, fingerent C)

Pol. VI, 14 = Just. XLI, 2, 7 ut — habeaut fehlt.

Hier und da finden sich bei Johannes Zusätze zu dem

---

1) Johannes hat also offenbar bei Justin gelesen: Hic Sami de
Marato etc.

Texte des Justin, die sich aber sofort als Eigenthum des Scholastikers kund geben. Einzelne könnten allerdings auf Glossen in seinem Texte zurückgeführt werden, z. B.

Pol. VI, 24 = Just. VII, 2, 10 superstitione *ucl fide,*

Pol. V, 17 = Just. XV, 4, 18 ad spem regni *maiestate ominis* impulsus

Pol. V, 17 = Just. XV, 4, 19 proeliator *postmodum* insignis.

Genöthigt ist man aber zu einer solchen Annahme nicht.

Noch Alfred von Gutschmid[1]) glaubte, dass sich aus Johannes von Salisbury Gewinn für den Text des Justin ziehen liesse. Nachdem aber jetzt ein so reiches handschriftliches Material für Justin vorliegt, lässt sich diese Ansicht nicht mehr aufrecht erhalten und sie ist eigentlich schon durch die eben angestellten Erörterungen über die dem Johannes vorliegende Handschrift widerlegt. Einige Lesarten finden sich freilich, welche Aufmerksamkeit verdienten, wenn sie sich in einer Justinhandschrift fänden, sie würden sich aber auch dann bei genauerer Untersuchung als falsch herausstellen. Es sind folgende:

1) Pol. VI, 24 = Just. VII, 2, 9 quod bellantibus defuerant auspicia regis sui (defuissent die codd. bei Justin)

2) Pol. V, 12 = Just. IX, 8, 4 apparatibus fehlt. § 15 hostes (hostem codd. Just.)

3) Pol. VII, 4 = Just. XX, 4, 6 et uitia luxuriae denudabat et casuum urbium perditarum enumerabat causas. Bei Justin steht et uitia luxuriae casumque ciuitatium hac peste perditarum enumerabat. Auch wenn diese Worte verderbt sein sollten, lehrt doch jenes denudabat, dass Johannes keine handschriftliche Grundlage für seine Lesart gehabt haben kann.

4) Pol. VI, 17 = Just. XXIV, 8, 10 ex uulneribus fehlt.

An allen diesen Stellen lässt sich zeigen, dass entweder die überlieferte Lesart richtig ist, oder doch die des Johannes nicht die ursprüngliche. Auch hat sich dieser sonst nachweislich in mehr oder weniger misslungenen Conjecturen versucht. So schreibt er Pol. V, 17 (= Just. XV, 4, 16) a rege Alexandro statt des richtigen Nandro.

Dagegen lassen sich unsere heutigen Drucke des Poli-

---

1) A. a. a. O. p. 204.

craticus zuweilen aus Justin verbessern. So ist Pol. IV, 3 (= Just. II, 6, 19) ingreditur statt ingeritur, ibid. (= Just. III, 2, 9) imperiorum statt impiorum[1]) Pol. V, 12 (= Just. IX, 8, 9) concordantes statt cordantes, Pol. I, 13 (= Just. XII, 16, 5) perpetes statt praepetes zu lesen.

In demselben Jahrhundert wurde in Frankreich Justin studirt von Peter von Blois, wie aus dem 101. Briefe desselben hervorgeht. Die merkwürdige Stelle lehrt uns übrigens, dass er nicht eigentlich Schulschriftsteller war, eine Ehre, zu welcher von den Prosaikern damals überhaupt nur wenige gelangten. „Praeter ceteros etiam libros," so lauten Peters Worte, „qui celebres sunt in scholis, profuit mihi frequenter inspicere Trogum Pompeium, Josephum, Suetonium, Hegesippum, Q. Curtium, Corn. Tacitum, Titum Liuium, qui omnes in historiis quas referunt multa ad morum aedificationem et ad profectum scientiae liberalis interserunt"[2]).

In Deutschland scheint man sich in jener Zeit bei Weitem weniger mit Justin beschäftigt zu haben. Weder Ekkehard von Aurach noch Otto von Freising hat ihn benutzt; die zahlreichen Stellen, an welchen sich der letztere mit ihm berührt, gehen auf Orosius oder Augustinus zurück. Nur von dem Verfasser der sogenannten Königschronik von St. Pantaleon, welche man neuerdings in Annales Colonienses maximi umgetauft hat, lässt sich zeigen, dass ihm Justinus vorgelegen. Von denjenigen Partien der Chronik, welche die alte Geschichte behandeln, gibt es jedoch keine kritische Ausgabe, und der Text, wie ihn Eccard bietet, leidet wie alle Ausgaben dieses Gelehrten an sehr zahlreichen Corruptelen. Doch lässt sich wenigstens Einiges feststellen. Die Chronik schreibt ihre Quellen nicht einfach aus, folgt auch nicht für jede Partie ausschliesslich einer einzigen Quelle, ihr

---

1) Es wäre freilich möglich, dass impiorum eine Conjectur für das in V überlieferte interiorum wäre. Das hiesse die Uebereinstimmung mit Jacobus a Cessolis bei Gutschmid a. a. O p. 264, mir stand keine Ausgabe dieses Autors zu Gebote, vermuthen. Beiläufig sei bemerkt dass wenn a Cessolis wirklich „den von Casale" bedeuten sollte, daraus auf den Wohnort jenes Mannes nicht geschlossen werden darf. Die Zahl der Orte dieses Namens ist etwa gleich der aller Neustadt und Nogent zusammengenommen.

2 Vgl. Schaarschmidt. Johannes Saresberiensis p 88. Die Erwähnung des Tacitus erscheint sehr auffällig

Verfasser pflegt vielmehr für jeden Zeitabschnitt mehrere
Schriftsteller zu Rathe zu ziehen. Was diese überliefern,
sucht er dann mit einander zu verbinden und setzt es in den
Stil seiner Zeit um. So sind namentlich Orosius und Justinus
neben einander benutzt worden. Der Bericht über Ninus
und Semiramis z. B. stammt aus Orosius (man vergleiche
insbesondere Oros. II, 3 mit Chron. reg. col. 685 Ecc.), der
über Kyros dagegen aus Justin. Der benutzte Justintext ist,
soweit man urtheilen kann, transalpin (Chron. reg. col. 691
= Just. I, 2, 10 duos et XXX annos, Chron. reg. col. 700
= Just. I, 8, 9 dolendum, wo I doleret, Chron. reg. col.
702 = Just II, 4, 1 Ylynos, wo I und Orosius Plinos bieten,
Chron. reg. col. 705 = Just. II, 14, 2 Athenienses quoque
reges sollicitat, wo in I ein ganzes Blatt ausgefallen ist und
nur ganz junge Codices lesen Athenienses quoque in spem
pacis amicitiamque regis sollicitat). Irgend welchen Gewinn
aus den Abweichungen der Chronik zu ziehen wird kein Verständiger wagen[1]).

Die Ueberlieferung, welche wir als die italische bezeichnet haben, steht also bis zum zwölften Jahrhundert völlig
selbständig da und wird von keinem diesseits der Alpen
schreibenden Autor benutzt. Wir werden also wohl nicht
Unrecht thun, wenn wir auch den Codex L in Italien geschrieben sein lassen, eine Annahme, welcher seine ortho-
graphischen Eigenthümlichkeiten, namentlich das sinnlos bald
zugesetzte, bald weggelassene h, sehr gut entsprechen. Wie
er in den Besitz des Vossius gekommen, ist unbekannt, eine
Vermuthung über seine Herkunft aber mag gestattet sein.
Der alte Katalog von Pomposa, im 11. Jahrhundert von
Henricus Clericus abgefasst und jetzt in der Bibliothek von
Modena befindlich, weist nach Montfaucon, Diarium Italicum
p. 95 auch „Historiarum antiquarum XLIV. lib. Trogi Pompeii" auf. Die Handschriften des Klosters waren, wie uns
Henricus Clericus erzählt, fast alle um dieselbe Zeit und zwar

---

1) Wie kühn der Autor mit der Ueberlieferung umspringt, zeigt
das folgende Stück (Chron. reg. col. 699): Quem ubi in manum mulier
accepit, allusit ei tanquam diu noto (so) uocauitque puerum Sparta-
cum, i. e. catulum, Spartas enim persice canem sonat. Puer autem
postea Cyrus dictus est, i. e. haeres. Damit vergleiche man nun Just.
I, 4, 12. 14. I, 5, 1.

sehr rasch und flüchtig geschrieben worden. Welches Schicksal diese werthvolle Bibliothek gehabt hat, ist vollkommen dunkel, sie scheint vernichtet oder zerstreut. Da der Codex L nun dem elften Jahrhundert angehört, den in Italien verbreiteten Text aufweist und offenbar sehr flüchtig geschrieben ist, so wäre es nicht unmöglich, dass er mit jener Handschrift von Pomposa identisch wäre.

Von den übrigen Handschriften der Klasse I ist der Eusebianus in Vercelli und vermuthlich zur Zeit des grossen Bischofs Atto geschrieben worden, der Sessorianus stammt aller Wahrscheinlichkeit nach, wie so viele Schütze von Santa Croce in Gerusalemme, aus Nonantula, obwohl Dom Franchi Ferrari im Codex Chisianus R II 64 leider gerade über die Provenienz dieses Codex keine Angaben gemacht hat, der Laurentianus plut. 66 cod. 20 (Mediceus 1) ist doch wahrscheinlich auch oberitalienischen Ursprungs. Man würde daher geneigt sein, Bobbio für den Ort zu halten, von welchem diese Ueberlieferung ausging. Allein der alte Katalog dieses Klosters gibt keinen sichern Anhaltspunkt dafür. Er verzeichnet nur „libros Pompeji III. sed non plenarios" und unter den Büchern des Dungal ein „librum Pompei" [1]), worunter auch grammatische Werke verstanden sein können.

Ganz allein steht der Codex C. Die durch ihn überlieferte Recension des Textes scheint vor dem vierzehnten Jahrhundert nicht über seine Heimath Monte Casino hinausgedrungen zu sein. Er ist im 11. Jahrhundert geschrieben, gehört aber nicht zu den Büchern, welche unter der Regierung des Abtes Desiderius, des nachmaligen Papstes Victor III, geschrieben wurden und im Chronicon Casinense III. 63 (Monumenta Germaniae. Scriptores VII, p. 746 f.) aufgeführt werden. Die Vorlage, aus welcher er stammt, war vermuthlich von jeher Eigenthum des Klosters und bei den zahlreichen Unglücksfällen, welche dasselbe betroffen, stark beschädigt worden [2]).

Von einer Benutzung des Justinus durch italienische Schriftsteller des früheren Mittelalters ist mir nichts bekannt

---

1) Muratori. Antiquitates Italicae medii aevi III p. 820 E p. 821 E. „Libri" sind natürlich „Bände".

2) Vgl. darüber Blume, Jter Italicum IV p. 70 ff.

und wird sich wohl schwerlich viel nachweisen lassen. Die
Angabe des unzuverlässigen Petit-Radel, Recherches p. 53, dass
Anspert von Benevent Justin erwähne, habe ich leider nicht
controliren können. Auch ist nicht anzunehmen, dass Justin
jemals eigentliche Schullektüre gewesen sei; er fehlt auch in
dem Verzeichniss der Schulschriftsteller des 13. Jahrhunderts
in der Vorrede des Mehus zu den Briefen von Traversari (p.
C X). Von ältern italienischen Blüthenlesen aus Justinus kenne
ich nur eine einzige. Sie gehört dem 10. Jahrhundert an und
ihr Text stimmt jedenfalls nicht mit der Klasse T. Dagegen
wäre es nicht undenkbar, dass schon in jenen Zeiten ein
Codex der italischen Klasse nach dem Norden gelangt wäre.
Italien wurde im zwölften und dreizehnten Jahrhundert von
gnnzen Schaaren nordischer Kleriker durchzogen und diese
waren nicht am Wenigsten darauf bedacht, dort ihre Kenntniss klassischer Autoren zu erweitern. Auch sonst war der
internationale literarische Verkehr sehr lebhaft, besonders
unterhielten die Normannen in Unter-Italien beständig derartige Beziehungen mit ihren Stammesgenossen in der Heimath [1]).

In der That finden sich bei einigen nordischen Schriftstellern Spuren, welche darauf hindeuten.

Alfred von Gutschmid hat a. a. O. p. 253 ff. auf die
ebenso eigenthümliche, als geistvolle Benutzug des Justinus
aufmerksam gemacht, welche sich bei Matthaeus von
Westminster findet. Justinus ist hier nicht einfach ausgeschrieben, vielmehr werden Notizen aus den verschiedensten
Büchern mit einander vereinigt, der Text wird aus Orosius
berichtigt, die Chronologie aus Hieronymus hinzugefügt und
das Alles mit anderem historischem Material zu einem Ganzen
verarbeitet. Matthaeus hat diese Partien aller Wahrscheinlichkeit nach aus Roger von Wendover wörtlich herübergenommen. Die Arbeit ist von Gutschmid so klar und schön
charakterisirt worden, dass es nicht möglich ist, noch etwas
hinzuzufügen. Allein das Endresultat seiner Erörterungen
ist nicht ganz richtig, und wenn ich auch nicht alle ein-
schlagenden Fragen an diesem Orte genügend zu lösen vermag, so hoffe ich doch, die Untersuchung um einen guten
Schritt weiter führen zu können.

---

1) Vgl. Wilmans in Pertz' Archiv X p. 89.

Die Flores historiarum des Matthaeus von Westminster zerfallen ihren Quellen und ihrer Anlage nach in zwei grundverschiedene Theile, deren Grenzscheide die Geburt Christi bildet. Vom Jahr der Gnade an ist die Anordnung annalistisch, die frühere Geschichte aber wird unter Beobachtung eines vagen, auf Hieronymus und Beda beruhenden Synchronismus im Wesentlichen pragmatisch abgehandelt. Dieser erste Theil, welcher uns hier hauptsächlich interessirt, soll nach Gutschmid geschöpft sein aus Marianus Scotus (wenn ich die Angabe auf p. 257 richtig verstanden habe), Martin von Troppau, Geoffroy von Monmouth und einer „speciellen Bearbeitung der alten Geschichte, etwa in der Art wie die Behandlung der biblischen Geschichte von Petrus Comestor, der römischen in der Historia miscella", von der eine Urgeschichte nach Art der Byzantiner einen integrirenden Theil ausmachte. Dieses Compendium der alten Geschichte wäre dann nach einer ferneren Vermuthung eine Erweiterung der Historia miscella, hauptsächlich durch Zusätze aus Justinus.

Nun ergibt sich aber, dass sämmtliche Auszüge aus Justinus sich genau in derselben Verbindung und Bearbeitung in der zweiten Ausgabe der Kirchengeschichte des Hugo von Fleury, wie sie von Rottendorf herausgegeben ist, wiederfinden, und eine weitere Untersuchung lehrt, dass Matthaeus das Werk des Hugo wörtlich abgeschrieben und nur durch anderes Material ergänzt hat. Die betreffenden Stellen des Matthaeus sind bereits von Gutschmid a. a. O. p. 254 f. mit Justin zusammengestellt worden, es entspricht aber ferner

Matth. West. Aet. II, c. 16 = Hugo Flor. p. 1. Rott. M. W. Aet. IV, c. 6^b = Hugo p. 7. M. W. Aet. V, c. 3 = Hugo p. 12, M. W. Aet. V, c. 1 = Hugo p. 10, M. W. Aet. III, c. 10 = Hugo p. 3, M. W. Aet. V, c. 3 = Hugo p. 12, M. W. Aet. V, c. 7 – 10 = Hugo p. 14, M. W. Aet. V, c. 11 = Hugo p. 15, M. W. Aet. V, c. 4 = Hugo p. 13. M. W. Aet. V. c. 23 = Hugo p. 19, M. W. Aet. V. c. 24 = Hugo p. 20, M. W. Aet. V, c. 17 = Hugo p. 17, M. W. Aet. V, c. 13 = Hugo p. 16. Mit Hülfe dieser Zusammenstellung sind die justinischen Stellen bei Hugo von Fleury leicht aufzufinden. Matthaeus hat einmal die ganze Urgeschichte hinzugefügt, deren Quelle sich bis jetzt mit Be stimmtheit nicht hat eruiren lassen, dann hat er — möglicherweise aus demselben Handbuch — die hebräische Geschichte etwas ausführlicher erzählt, ferner die römische Geschichte nicht unbeträchtlich aus der Historia miscella erweitert, endlich, da er für englische Leser schrieb, die fabelhafte Geschichte der Briten nach Geoffroy von Monmouth ganz unverbunden angeschlossen.

Aber sollten nicht etwa — so möchte man fragen — Hugo und Roger von Wendover aus derselben Quelle geschöpft haben und dadurch zu einer ganz ähnlichen Darstellung gelangt sein? Gewiss nicht, denn überall werden von Matthaeus die Ereignisse an den von Hugo dargebotenen Faden angereiht, und die Erzählungen aus der griechischen und orientalischen Geschichte stimmen wörtlich überein, während sie doch so eigenthümlich aus verschiedenen zum Theil weit von einander entfernten Stellen des Justin, des Orosius, des Hieronymus und der Historia miscella zusammengearbeitet sind, dass man mit Bestimmtheit behaupten kann, dass unmöglich zwei Männer unabhängig von einander auf dieselbe Zusammenstellung verfallen konnten. Auch haben nicht etwa Beide dasselbe Compendium ausgezogen, der eine mehr, der andere weniger ausführlich. Ausser andern Stellen zeigt das hauptsächlich eine Vergleichung der Erzählung von den Anfängen Roms bei beiden Autoren. Hier hat Matthaeus (Aet. IV, c. 9—11) die Historia miscella zugezogen, während Hugo (p. 8 Rott.) ungemein kurz ist und nur einige Auszüge aus Orosius II, 2 gibt. Obwohl nun aber Matthaeus, wenn man die Oekonomie seines Werkes in Betracht zieht, hier gerade weitläuftig genug ist, hat er sich doch nicht enthalten können, eine Bemerkung des Hugo mit herüber zu nehmen, welche nur auf dessen Darstellung passt. Hugo schreibt nämlich: cuius (sc. Romae) regni primordia paucis expedire curabo, ita tamen ut non modum propositae breuitatis excedam. Diese Worte sind eine Nachahmung derjenigen des Justin XLIII, 1, 2 (breuiter igitur initia Romani imperii perstringit [sc. Trogus], ut nec modum propositi operis excedat) und erhalten ihre Bedeutung erst durch die Klagen, welche Hugo mehrfach (z. B. im Prolog zum sechsten Buche der zweiten Ausgabe) über die Schwierigkeit einer Zusammendrängung seines reichen Stoffes anstellt. Während sich aber die Erweiterungen der hebräischen und römischen Geschichte leicht in den von Hugo dargebotenen Rahmen fügten, war das mit der britischen Sagengeschichte nicht der Fall und musste Matthaeus daher, um den Uebergang herzustellen, die Worte des Hugo zuweilen etwas abändern. Stellenweise hat er auch den Text des Hugo aus Geoffroy von Monmouth interpolirt. So heisst es Act. V c. 4 bei ihm: Trecenta milia Gallorum ad sedes nouas quaerendas profecti *ducibus Belino et Brennio* Romam inuaserunt ibique diu morati sunt. Statt der cursiv gedruckten Worte steht bei Hugo p. 13 Rott. bloss duce Brennio [1]).

Hugo wird ausgeschrieben bis auf Julius Caesar, dessen Thaten bei Matthaeus schon in sehr abgekürzter Darstellung erscheinen. Von da ab stimmt nur noch ein Stück über Herodes (Hugo p. 23. p. 40 Matth. Act. V, c. 33) bei beiden überein. Schon früher hatte Matthaeus (Act. IV, c. 14—16) einen Abschnitt über die tiburtinische Sibylle aus Gottfried von Viterbo (Pantheon X col. 214 ff. ed. Pistor.[2]) entlehnt, seine theologisch-historischen Betrachtungen über die Bedeutung der Incarnation und die sich daran schliessende Bearbeitung der neutestamentlichen Geschichte scheinen ihm selbst oder seinem englischen Vorgänger anzugehören. Er weicht wenigstens hier wesentlich von Hugo ab und in dem ganzen übrigen Werke findet sich keine Spur mehr von einer Benutzung desselben [3]).

Der zweite Theil des Matthaeus, der die Zeit nach Christi Geburt umfasst, soll nach Lappenberg [4]) und Gutschmid auf der Grundlage des Marianus Scotus beruhen, mit Benutzung

[1] Vgl. übrigens Gutschmid a. a. O. p. 257 ff.

[2] Nachgewiesen von Usinger in den Forschungen zur deutschen Geschichte X p. 629. Gottfried, um das beiläufig zu erwähnen, hat zu seinem Werke nirgends den Justin, sondern nur den Orosius benutzt

[3] Es bleibt übrigens auch für diese Dinge zu beklagen, dass wir weder einen kritischen Text der früheren Bücher des Hugo noch eine einigermaassen verlässliche Ausgabe des Matthaeus besitzen. Für den letzteren habe ich die Ausgabe London 1570, 2 Bände, fol. benutzt, welche mir die Verwaltung der kgl. Bibliothek zu Dresden auf die Verwendung des Herrn von Gutschmid mit grosser Liberalität zur Verfügung stellte. Ich kann nicht umhin, auch hier meinen gefühltesten Dank dafür auszusprechen.

[4] Geschichte von England I p LXV.

des Martin von Troppau, des Hieronymus, der Historia mi-
cella und verschiedener britischer Chronisten. Waitz[1]) hat
ohne Angabe von Gründen die Benutzung des Marianus
bezweifelt und offenbar mit Recht. Denn abgesehen davon,
dass die Aehnlichkeiten zwischen Marianus und Matthaeus
nicht gerade sehr überwiegend sind, schreibt dieser unter
dem Jahre 1028 Folgendes: „Eodem anno natus est Marianus Scotus, qui tandem adultus et liberalibus studiis imbutus
studio suo et labore chronicorum digessit librum, ab imperatore Octauiano usque ad annum dominicae incarnationis 1131.
Hic inter omnes historiographos gesta regum Angliae prolixius scribens, seruatis annis dominicis, usque ad Henricum
seniorem Anglorum regem perduxit.“ Da Marianus im Jahre
1082 oder 1083 gestorben ist, so ergibt sich, dass die von
Matthaeus, beziehentlich seinem Vorgänger, benutzte Chronik
nicht das Originalwerk desselben gewesen sein kann. Aber
ebensowenig darf man an ein Exemplar denken, dem einfach
eine Fortsetzung beigefügt war, denn Marianus hat die englischen Verhältnisse nichts weniger, als prolixius behandelt.
Nur einen Beweis der Gedankenlosigkeit, mit welcher Matthaeus arbeitete, kann man in seiner Notiz zum Jahre 1082
finden, wo es heisst: „Jste Marianus a natiuitate Christi
chronica sua incipiens uera et plenaria usque ad hunc annum
perduxit.“ Diese Worte gehen nämlich durch Vermittlung
des Robert von Mont St. Michel auf Sigebert von Gembloux
zurück. Es war also offenbar eine der so ungemein zahlreichen Umarbeitungen und Erweiterungen des Marianus,
welche aus den englischen Klöstern hervorgingen, die dem
Matthaeus vorlag. Die Angabe des Matthaeus, dass Marianus
die Geschichte bis 1131 geführt habe, würde zunächst eine
Benutzung der Chronik des Florenz von Worcester vermuthen lassen, deren erste Fortsetzung bis 1131 p. C. reicht[2])
und welche in den Handschriften sehr häufig den Namen des
Marianus trägt. Allein eine Vergleichung mit dem Texte
des Florenz scheint kein dieser Annahme günstiges Resultat

1) Mon. Germ. SS. V p. 492.
2) Vgl. Waitz a. a. O. p. 492. Diese Fortsetzung ist abgedruckt
in der Frankfurter Ausgabe des Florenz von 1601. Die von Thorpe in
seiner Ausgabe II p. VII ff. besprochenen und im Anhang abgedruckten
beiden Fortsetzungen scheinen davon verschieden.

zu ergeben. Mit Gewissheit aber lässt sich nicht, darüber sagen. Thorpe hat die Chronik des Florenz erst von der Landung des Hengist und Horsa an publicirt und auch in den folgenden Perioden, wie es scheint, noch Manches weggelassen, so dass seine Ausgabe für unsere Zwecke völlig unbrauchbar ist. Die Frankfurter Ausgabe von 1601 aber[1] bietet einen so erbärmlichen Text, dass man nicht mit Sicherheit damit zu operiren vermag. Und gerade hier bedürfte es einer grossen kritischen Ausgabe, welche zugleich alle späteren Interpolationen mittheilte und ihren Ursprung nachwiese. Eine genauere Untersuchung über die Quellen des Matthaeus für die spätere Geschichte bietet überhaupt die grössten Schwierigkeiten dar, da von dem Material für die englische Geschichte im Mittelalter Vieles noch gar nicht gedruckt, Anderes höchst ungenügend publicirt und dazu die neuern Veröffentlichungen meist ungemein selten und schwer zugänglich sind. Doch man darf darüber nicht klagen, solange uns sogar eine vollständige Ausgabe des Marianus Scotus fehlt!

Glücklicherweise kommt das auch für unsere Zwecke nur wenig in Betracht. Was uns hier einzig interessirt, sind die folgenden beiden Notizen: Anno diuinae incarnationis 9, Caesare Augusto imperii sui 51. agente annum Trogus Pompeius chronica sua terminauit, in quibus quasi mundi praeteriti cursum ad memoriam posterorum reduxit. Ita namque Romanorum rem publicam et arma quae gens illa late per orbem terrarum circumtulit ab initio usque ad praesens tempus prosequitur, ut qui res eius legeret ad construendum Romanum imperium uirtutem et fortunam discat contendisse. Dann weiter: Anno diuinae incarnationis 19 Valerius historiographus Romanorum dicta descripsit et facta. Diese Nachrichten gehen zweifellos auf eine antike Quelle zurück[2] und es fragt sich, welche das sei. Gutschmid hat verschiedene Vermuthungen darüber aufgestellt, ohne jedoch einer einen besondern Vorzug vor der andern zugestehen zu wollen. Entweder, so meint er, hätten die englischen Chronisten ein vollständigeres Exemplar der Chronik des Hieronymus benutzt oder Codices

---

1) Sie ist mir übrigens erst nachträglich zugänglich geworden
2) Vgl. Gutschmid a. a. O. p. 260 ff.

des Pompejus Trogus (d. h. des Justinus) und Valerius
Maximus, denen kurze Lebensbeschreibungen der Verfasser
vorgesetzt waren oder endlich ein unbekanntes Buch de uiris
illustribus. Auf die Art der Erwähnung des Trogus hat er
dann seine Hypothese aufgebaut, dass Matthaeus oder der
Schriftsteller, welchen er abschrieb, eine Handschrift benutzte,
in welcher Auszüge aus der Historia miscella und aus Justin
untereinander standen. Die Untersuchung ist weiter geführt
worden von August Reifferscheid in seiner Sammlung der Fragmente des Sueton p. 382 f. Er zeigt zunächst, dass die Worte,
welche zu der verkehrten Charakteristik der Geschichten des
Trogus benutzt sind, aus Florus I, 2 entlehnt sind und führt dann
fort: „iam si memineris in uulgatis historiae miscellae
libris cum Eutropio et Orosio coniungi hic illic excerpta de
Valeri historiis, non inprobabile uidetur Rogerum in hoc libro
notationes illas repperisse haustas illas quidem ex antiquissi-
mis Justini et Valeri codicibus." Indessen diese Ansicht
wird sich kaum halten lassen, wenn man erwägt, dass die
Historia miscella schwerlich bestimmte chronologische Daten
an die Hand gab und dass der eigentlich massgebende Grund,
welchen Gutschmid für die Existenz und Benutzung eines
derartig interpolirten Exemplars derselben vorgebracht hat,
durch die Klarstellung des Verhältnisses zwischen Matthaeus
und Hugo von Fleury hinfällig geworden ist[1]). Sie wird
vollkommen widerlegt durch eine andere Betrachtung. Gutschmid hat als auf eine mögliche Quelle auch auf ein von
Karl Pertz de cosmographia Ethici p. 82 angeführtes Buch
hingewiesen, das im britischen Museum handschriftlich erhalten ist und den Titel führt „de uiris illustribus quo tempore scripserunt". Wahrscheinlich freilich, bemerkt er, ent-
halte es blos Notizen über kirchliche Schriftsteller. Allein
bei Twysden, Rerum Anglicarum scriptores X col. 429 ff. ist
auszugsweise ein Buch de uiris illustribus quo tempore
scripserint gedruckt. Es ist von Radulfus de Diceto um
1210 verfasst und beginnt dort folgendermassen: „Trogus
Pompeius a tempore Nini regis Assiriorum usque ad annum

---

1) Die Bezeichnung des Inhalts des Justinus als Historia Romana
(vgl. Gutschmid p. 258) hängt doch nicht etwa mit der Ueberschrift
des Justin in dem Codex Collegii Noui: Trogus Pompeius de gestis
Romanorum zusammen?

uicesimum nonum Hircani principis Judaeorum hystoriam digessit.

Valerius Maximus urbis Romae ceterarumque gentium facta simul et dicta memoratu digna scripsit anno incarnati uerbi XVIII."

Hier haben wir also die bisher bloss aus Matthaeus von Westminster bekannte Zeitbestimmung für Valerius Maximus und es wäre nicht unmöglich, dass Matthaeus oder Roger von Wendover aus dieser Schrift geschöpft und die genaue Bestimmung für die Abfassungszeit des Werkes des Trogus entweder aus einem vollständigeren Texte (denn der bei Twysden ist offenbar erbärmlich) oder durch eine verkehrte Combination gewonnen hätten.

Allein diese Vermuthung ist unbegründet. Herr Dr. W. Wagner hatte in Folge gütiger Verwendung des Herrn Professor A. Kiessling die Freundlichkeit, jene Handschrift des britischen Museums näher zu untersuchen und mir einige Mittheilungen darüber zugehen zu lassen. Es ergab sich dabei zunächst, dass wir es wirklich mit einer Handschrift des von Twysden herausgegebenen Buches zu thun haben, dass aber der gedruckte Text von Fehlern wimmelt, so dass allen darauf gebauten Schlüssen das gehörige Fundament fehlen musste. Da das Buch de uiris illustribus überhaupt mehrfach interessant ist, so mögen hier zunächst die Notizen folgen, welche ich Herrn Dr. Wagner verdanke.

Codex Cottonianus Faust. A. VIII. fol. 101 col. 1

De uiris illustribus quo tempore scripserunt (so)

TROGVS Pompeius a tempore NINI Regis assiriorum usque ad annum uicesimum nonum hircani principis indeorum cronica sua digessit.

VALERIVS Maximus urbis Rome ceterarumque gentium facta simul et dicta memoratu digna scripsit anni (so) incarnati uerbi XVIII.

FILO Scriptor insignissimus quanta indeis acciderint mali quinque uoluminibus exponit anno incarnati uerbi XXXVII.

Josephus Ab exordio mundi usque ad annum incarn' uerbi LXXVIII XX libros antiquitatum scripsit.

Justinus Philosophus trogi pompeii adbreuiator scripsit eodem anno.

Josephus Romam ueniens ob ingenii gloriam statuam Rome meruit scribens libros VII iudaice captiuitatis anno incarn' uerbi LXXIIII.

Julius Africanus breues temporum annotationes per generationes et regna scribit anno incarn'

col. 2

uerbi C. LXIII.

Agellius Scribit anno C. LXIX.

egisippus Historiam scribit anno C. LXXXIII.

Tullianus Presbiter cartaginiensis uir acris ingenii et vehementis scripsit anno C. XCV.

Die weiterhin angeführten Schriftsteller sind: Eusebius, Eutropius, Paulus, Ieronimus (Chronik), Ethicus, Hylarius, Sigisbertus, Ieronimus (liber illustrium uirorum), Augustinus, Ruffinus, Johannes Crisostomus, Orosius, hystoria Sozomeno edita, Prosper Aquitanicus, Idacius, Jennadius Massiliensis, Cassiodorus, Justinianus Legislator, Jordanus, Victor Tumnicttensis, Paulus Cassinensis, Gilda, Gregorius Turonensis, Ysidorus Hispalensis, Beda, Hamonius Floriacensis, Luicbn'd⁹ [1]) Diaconus titinensis, Regino, Windichindus, Odo, Marianus, Yuo, Sigisbertus Gemblacensis, Magister Hugo de Sto. Victore, Robertus Abbas, Radulfus.

Es folgen: Nomina regionum XI continentium intra (int') se prouincias centum et tredecim.

Fol. 104ᵘ beginnen Auszüge aus Caesar, Julius Solinus, Eutropius, Prologus Josephi, dann kommt Beda de situ Britanniae, dann Tractate, die sich auf die Arthursage beziehen u. s. w.

Soweit reichen die Mittheilungen Wagners. Sie ergeben vielfache Abweichungen von Twysden. Einmal sind einige Ansätze des Tractats offenbar nicht bestimmt, das Blüthejahr eines Autors zu bezeichnen, sondern die Epoche, bis zu welcher sein Werk reicht. Dann sind die Zahlen von denen im Druck vielfach verschieden. Philo gehört nach dem Codex ins Jahr 37 p. C., nach dem Druck ins Jahr 38, Justinus und die Antiquitäten des Josephus ins Jahr 78 statt 79, Julius Africanus in 163 statt 162, Hegesippus in 183 statt

---

1) d. h. Liudprand.

182, vor Allem Gellius nach der Handschrift ins Jahr 169 statt nach dem Druck ins Jahr 119. Dass Twysden nicht etwa aus einer besseren Handschrift geschöpft hat, zeigt die jetzt hergestellte chronologische Anordnung; bisher war ein Princip für die Stellung von Julius Africanus und Gellius nicht aufzufinden. Die Ordnung der Werke des Josephus macht nur eine scheinbare Ausnahme.

Leider aber ist der Codex selbst durchaus nicht fehlerfrei. Nicht nur finden sich mehrfach kleine Schreibfehler, wie anni statt anno unter Valerius Maximus, auch die Namen sind mehrfach verdorben. Die Handschrift liest u. A. Jordanus statt Jordanes, Victor Tumnictensis statt Victor Tunnunensis, sogar Tullianus statt Tertullianus. Insbesondere auffallend ist die Notiz (col. 432 Twysden): „Hamonius Floriacensis Cronica sua scribit a tempore Nini Regis usque ad annum incarnati uerbi DCCCXliij." Wer ist Hamonius von Fleury? Man wird zunächst an Aimoin denken, aber dessen Geschichte der Franken reicht nur bis zur Mitte des siebenten Jahrhunderts und beginnt nicht mit Ninus, sondern mit der Zerstörung von Troja. Von den Fortsetzungen geht die eine bis 1131, die andere bis 1165. Dagegen passen die angegebenen Zeitgrenzen vortrefflich auf Hugo von Fleury. Was nämlich von diesem noch über Ereignisse nach 843 berichtet wird, sieht nicht aus wie eigentliche Geschichtserzählung, sondern dient nur dazu, den Leser über die späteren Schicksale einiger Hauptpersonen aufzuklären. Auch bemerkt Hugo in der Dedicationsepistel ausdrücklich: „Romanorum imperatorum et presidum nomina simul et gesta ibi curiosissime denotabo usque ad Karolum Magnum et eius filium Ludouicum." Es wird daher wahrscheinlich an Hugo zu denken sein, sei es, dass Radulfus selbst sich irrte oder dass ein Abschreiber den Namen verdorben hat. Unterstützt wird diese Vermuthung durch Twysdens Angaben über die Auszüge aus verschiedenen Schriftstellern, die auf das Buch de uiris illustribus folgen. Dort heisst es nämlich (col. 433): „Post haec addit centones quosdam ex 1. Justino. 2. Hieronimo de Josepho. 3. Egesippo. 4. Augustino de ciuitate dei. 5. Orosio. 6. Eusebio. 7. Beda. 8. Roberto de Monte. 9. Hugone de Sancto Victore eosque claudit cum instituti sui proposito. quod tantum tamen?) impressum non inuenitur." Dieser Cento entspricht in seinem

ersten Theile so sehr dem Werke des Hugo von Fleury, dass
man fast vermuthen möchte, es handle sich hier eigentlich
um dieses. Allein die Angaben Wagners scheinen einer
solchen Annahme zu widersprechen, da bei ihm von Auszügen
aus Justin nicht die Rede ist.

Jedenfalls aber ist Radulphus nicht die Quelle für
Matthäus von Westminster gewesen. Sehen wir ab von der
Differenz der Zahl für Valerius Maximus (19 p. C. bei
Matthäus), welche vielleicht nur unsern Drucken verdankt
wird, so sind die Angaben über Trogus doch zu verschieden-
artig, als dass man die Angabe des Matthäus aus der des
Radulphus ableiten könnte. Auf eine gemeinsame Quelle
aber werden sie zurückgehen.

Ausser den Ansätzen für Pompeius Trogus und Valerius
Maximus ist von Wichtigkeit und durchaus neu, dabei von
der Wahrheit nicht zu weit abweichend, vor Allem das Jahr
169 für die Schriftstellerei des Gellius. Auch dieses ist gewiss
nicht durch Combination gefunden.[1]) Aber woher stammen
diese Notizen? An ein vollständigeres Exemplar der Chronik
des Hieronymus wird aus verschiedenen Gründen Niemand
zu denken wagen, es bleibt nur die Annahme übrig, dass hier
eine andere Chronik als Quelle gedient habe, welche entweder
verloren oder noch nicht aus dem Staube der Bibliotheken
hervorgezogen ist. Grade auf den britischen Inseln kann
man am Ersten erwarten, solche chronologische Aufzeichnungen zu finden. Sind doch auch die Ostertafeln erst von
dort nach Deutschland gekommen! Usener hat im Neuen
Rheinischen Museum XXII p. 442 ff. Bruchstücke einer ähnlichen Chronik aus Glossaren mitgetheilt. Ich sehe nicht
vollkommen ab, wie viel er von seinen dortigen Aufstellungen
in der späteren Abhandlung a. a. O. XXIII p. 679 zurück-
genommen hat. Die Notiz über Solinus, welche er aus dem
Regensburger Glossar mitgetheilt, wird wenigstens durch die
dort angestellten Erörterungen nicht berührt.

Gehen aber die bei dem angeblichen Radulphus überliefer-
ten literarhistorischen Angaben auf eine Chronik mit guten

---

1) Die Epoche des Gellius ist auch heute noch zweifelhaft. Bähr
in Ersch und Grubers Encyclopädie setzt seine Geburt in 140, Fried-
länder (Diss. de Gellii temporibus p. 4) in 130, Teuffel noch neuerdings
in 115 p. C.

alten Ansätzen zurück, so gilt es, die Notizen über Justinus
und Julius Africanus zu erklären und dann die Methode zu
finden, nach welcher die Jahre Christi ermittelt sind. Als
äusserste Zeitgrenze für Justinus können die Jahre 226 und
70 p. C. betrachtet werden, da er XLI, 1, 1 das parthische
Reich als noch bestehend kennt und XLI, 5, 8 von der
Sitte der Römer spricht, ihre Herrscher als Caesares und
Augusti zu bezeichnen. Sein Stil weist auf die spätere
Hälfte dieser Epoche hin, gewisse Spuren verrathen eine
Zeit, in der die altlateinische Litteratur und grammatische
Absonderlichkeiten in Mode waren [1]), die ausführliche Be-
handlung der Parther legt die Annahme nahe, dass sich zur
Zeit der Abfassung des Auszuges das Tagesinteresse diesem
Volke lebhaft zuwandte. Das Alles leitet auf die Zeit der
Antonine. Die von uns supponirte Chronik aber setzt ihn,
wie immer die Jahre Christi berechnet sein mögen, bedeutend früher an. Betrachtet man jedoch die kirchlichen Lemmata bei Radulphus näher, so findet man, dass sie aus der
Schrift des Hieronymus de uiris illustribus entnommen sind,
in welcher die charakterisirenden Beisätze bekanntlich etwas
anders lauten, als in dessen Chronik. Das zeigt zunächst
die Angabe über den jüdischen Krieg des Josephus, indem
es bei Hieronymus de uir. ill. c. 13 folgendermassen heisst:
Hic (sc. Iosephus) Romam ueniens septem libros Judaicae
captiuitatis imperatoribus patri filioque obtulit, qui et biblio-
thecae publicae traditi sunt, et ob ingenii gloriam statuam
quoque meruit Romae. Weiter die Notiz über Tertullianus,
von dem Hieronymus a. a. O. c. 53 sagt: Tertullianus pres-
byter . . . ciuitatis Carthaginiensis, patre centurione pro-
consulari. Hic acris et uehementis ingenii sub Seuero principe
et Antonino Caracalla maxime floruit. Auch die Notizen
über Philo sind möglicherweise ebendaher geflossen. Nun
heisst es aber bei Hieronymus im 14. Capitel: Justus Tiberiensis de prouincia Galilaea conatus est et ipse Judaicarum rerum
historiam texere et quosdam commentariolos de scripturis
componere; sed hunc Josephus arguit mendacii. Constat autem

---

2) Praef. 1 uir priscae eloquentiae Trogus Pompeius. Trogus war
an grammatischen Eigenthümlichkeiten bekanntlich ziemlich reich.
Praef. 5: simul ut et otii mei, cuius et Cato reddendam operam putat,
apud te ratio constaret.

illum *eo tempore scripsisse quo et Josephus.* Die letzteren
Worte machen es im allerhöchsten Grade wahrscheinlieh,
dass Justinus, der Abbreviator des Trogus, statt wie sonst so
oft mit Justinus Martyr, hier mit Justus Tiberiensis ver-
wechselt worden ist. Auch die Epoche des Julius Africanus
ist nur durch ein Missverständniss verschoben worden. Hieronymus a. a. O. c. 63 sagt: Julius Africanus, cuius quinque
de temporibus extant uolumina, sub imperatore M. Aurelio
Antonino, qui Macrino successerat, legationem pro instaura-
tione urbis Emmaus suscepit, quae postea Nicopolis appellata
est. Kein Zweifel demnach, dass M. Aurelius Antoninus
Elagabalus mit M. Aurelius Antoninus Philosophus ver-
wechselt worden ist. Denn mit Recht können wir annehmen,
dass jene Chronik nach Kaiserjahren geordnet war, da sie,
wie aus der Notiz über Trogus hervorgeht, auch die Jahre
der jüdischen Könige angab.

Es frägt sich nur noch — wie sind diese Kaiserjahre auf
Jahre Christi übertragen worden? Ist dass nach der gewöhnlichen
Weise geschehen oder hat das chronologische System des Marianus Scotus darauf Einfluss gehabt? Der letztere war in England durch Florenz von Worcester sehr populär geworden
und auch Radulphus hat ihn nach einer ausdrücklichen Bemerkung in der Vorrede[1]) gekannt. Marianus nun war zu
dem Resultat gekommen, dass sich Dionysius Exiguus bei
der Berechnung seines Cyclus um 22 Jahre geirrt habe, da
Christus am 15. Nisan, einem Freitag und zwar nach der Tradition am 25. März gestorben ist und diese Daten im 12., nicht im
34. Jahre jenes Cyclus zusammenfallen. Marianus hat demnach in seiner Chronik die Jahre sowohl „secundum Dionysium“, als auch „secundum Euangelium“ bezeichnet. Erst
mit dem Jahre 409 p. C. fallen seine Jahre „secundum Dionysium“ mit der gewöhnlichen Rechnung zusammen, ein Resultat, das im Wesentlichen durch Mitverwendung der Fasten
des Cassiodorus erreicht wurde. Florenz von Worcester,
dessen sich der Engländer am ehesten bedienen konnte, hat
alles Chronologische mitsammt den Fasten einfach aus Marianus herübergenommen. Für die Annahme nun, dass Radulphus oder seine Quelle wirklich dem Marianus oder Florenz

---

1) col. 429 Twysden.

gefolgt sei, scheinen zwei seiner Ansätze zu sprechen. Zum
Jahr 77 secundum Dionysium = 99 secundum Euangelium
heisst es nämlich bei Florenz: Sabinus Antonius. Flauius
Josephus historiographus 20. libros antiquitatum his temporibus scripsit.[1]) Ebenso schreibt Florenz zum Jahr 196 s. D. =
218 s. M.: Pompeianus Auitus.... Tertullianus Afer, centu-
rionis proconsularis filius, omnium ecclesiarum sermone cele-
bratur. Beide Male ergibt sich zwar eine Differenz von einem
Jahre von den Ansätzen bei Radulphus, allein diese liesse sich
auf verschiedene Weise erklären. Eine Umrechnung aller Angaben des Radulphus aber ergäbe die grössten Schwierigkeiten.
Zwar dass Philo unter Claudius angesetzt würde, wäre mit den
Angaben bei Hieronymus de uir. ill. c. 11 wohl zu vereinigen,
allein Hegesippus würde offenbar zu weit herabgedrückt und
für den groben Irrthum über Julius Africanus liesse sich
keine Erklärung finden. Da nun aber die Lemmata, wie gezeigt worden ist, mit der Schrift des Hieronymus de uiris
illustribus stimmen, so ist es am nächstliegenden, zu versuchen, ob nicht auch die chronologischen Bestimmungen
aus ihm zu erklären sind. Und so verhält es sich in der
That. Josephus kommt dann unter die Regierung des Ves-
pasianus, Tertullian unter die des Septimius Seuerus, von
Hegesippus sagt Hieronymus a. a. O. c. 22: „Asserit (sc.
Hegesippus) se uenisse sub Aniceto Romam, qui decimus post
Petrum episcopus fuit et perseuerasse usque ad Eleutherium
eiusdem urbis episcopum, qui Aniceti quondam Diaconus
fuerat.“ Der Chronist that also wohl, ihn wenige Jahre nach
dem 17. Regierungsjahr des Marcus Aurelius anzusetzen.
Dass Eleutherius bei Marianus in das Jahr 162 s. D. = 184
s. E. fällt, ist ein neuer Beweis, dass die marianische Rechnung secundum Dionysium hier nicht befolgt ist. Von der
Epoche des Julius Africanus ist schon oben (p. 37) die Rede
gewesen. Die Verschiedenheit von den Ansätzen in der Chronik
des Hieronymus, die sich dabei herausstellt, beweist weiter
nichts, als dass die von uns vorausgesetzte Chronik wirklich
selbständig ist. Ob auch die hier nicht aufgeführten Ansätze

---

1) Marianus liest: Sabinus et Antonius. Fl. Josephus historiograu
librum antiquitatum huius temporis scribit. Das Lemma stammt aus
der Chronik des Hieronymus.

von späteren Schriftstellern bei Radulphus aus der letzteren stammen, erscheint höchst zweifelhaft.

Doch kehren wir zu Hugo von Fleury zurück. Gutschmid hat a. a. O. p. 255 ff. seine Arbeit, die er für ein· Werk des Roger von Wendover hielt, wie schon bemerkt, im Wesentlichen vortrefflich geschildert. Sie umfasst unter Anlehnung an das von Hieronymus überlieferte historische Gerippe eine Darstellung der Geschichte der alten Welt nach Justinus und der Historia miscella, welche jedoch aus der Bibel, Hegesippus (oder dem lateinischen Josephus) und Orosius ergänzt worden sind. Das Ganze ist in einer Weise verarbeitet, welche den Verfasser den vorzüglichsten Chronisten des Mittelalters zur Seite stellt. Für die Periode nach Christus wird in der zweiten Bearbeitung zunächst noch die Historia tripartita zugezogen, dann die andern Quellen, welche Waitz eruirt hat, uns hier aber nicht weiter interessiren. Ausser dem, was Matthaeus von Westminster ausgeschrieben, kommt in dem späteren Theile für Justin noch der Abschnitt über die Parther in Betracht. Wir verzeichnen daher im Anschluss an die Liste bei Gutschmid (vgl. oben p. 26) die betreffenden Stellen. Es entspricht nämlich

Hugo p. 28 Rott. extr. Just. XLI, 1, 1. 2.

Hugo p. 29 Just. II, 2, 1 (cf. II, 1, 5). II, 1, 2—4. II, 3, 8—18 (cf. Oros. I, 14). II, 2, 3. 4. 6. 8. II, 3, 7. II, 4, 11—25.

Hugo p. 30 Just. II, 4, 31—33. I, 8, 1—13. II, 5, 8—11 (cf. I, 10).

Hugo p. 31. Just. XLI, 1, 3—6. XLI, 2, 3—6. XLI, 3, 4. XLI, 2, 7. 9. 7. 8. 10. XLI, 3, 7—10. 1. 2. 10. 3 XLI, 5, 5 (cf. XLI, 4, 3).

Hugo p. 32 Just. XLI, 5, 1—3. XLI, 4, 8. 9. XLI, 5, 5. 7—10. XLI, 6, 8. XLII, 1, 1. 5. XLII, 2, 1. 3. XLII, 4, 1. 2 Hist. misc. VI, 31 (cf. Just. XLII, 4). Just. XXXVII, 1, 7. 8. Hist. misc. IV, 17.

Hugo p. 33 Hist. misc. V, 11. Just. XXXVII, 2, 6. Hist. misc. VI, 13. VI, 44. Just. XLII, 4, 6.

Hat nun aber Hugo von Fleury seine Bearbeitung der alten Geschichte selbständig verfasst oder geht sie auf ein älteres Werk zurück? Benutzte er etwa eine auf die ganze alte Geschichte ausgedehnte Historia miscella, wie Gutschmid

und Reifferscheid von Matthaeus von Westminster angenommen
haben? Man könnte sich zur Unterstützung dieser letzteren
Ansicht auf den Codex Bambergensis E III. 14 beziehen,
welchen Waitz in Pertz' Archiv IX p. 673 beschrieben hat
und dessen erster Theil eine Handschrift der Historia miscella enthält, welche durch Zusätze aus andern Schriftstellern
in der That zu einem vollständigen Handbuche der alten
Geschichte umgestaltet worden ist. Zu den für diese Erweiterungen benutzten Schriftstellern gehört auch „Orosius,
doch mit mehr Detail der Erzählung", d. h. wahrscheinlich
Justinus[1]). Dass aber der Text dieser oder einer ähnlichen
Handschrift von Hugo nicht benutzt worden sein kann, leh-
ren schon die sparsamen von Waitz mitgetheilten Notizen
über den Inhalt. Man wird überhaupt schwerlich fehl gehen,
wenn man das Werk des Hugo als ein durchaus selbständiges
betrachtet. Dass eine Arbeit, wie sie hier vorausgesetzt wird,
damals überhaupt möglich war, kann keinem Zweifel unterworfen sein und wird durch glänzende Beispiele bestätigt. Hugo selbst
rühmt sich mehrfach seines Fleisses und sein Streben nach
selbständiger Forschung wird am Besten dadurch documentirt,
dass er, als ihm die Historia tripartita in die Hände fiel, die
er bis dahin nicht gekannt hatte, sein Werk gänzlich um-
arbeitete.[2]) Entscheidend aber ist die ganze Natur dieses
Werkes selbst. Die Auszüge aus der Historia miscella sind
für die vorchristliche Zeit so sparsam und so kurz, dass man
deutlich sieht, dass sie nur als Eine unter mehreren Quellen
benutzt worden ist, keineswegs aber die Grundlage der Erzählung zu bilden bestimmt war. Das Verhältniss Hugos
zur Historia miscella verdiente übrigens näher untersucht zu
werden. Er setzt z. B. Galenos unter einen andern Kaiser
als die Historia miscella in der Eyssenhardtschen Ausgabe.
Von wirklichem Interesse könnte aber eine solche Unter-

---

1) Es mag noch auf den von Göttling bei Blume, Bibl. libr. mss
Italica p. 226 unter den Handschriften von S. Placido zu Messina aufgeführten Codex hingewiesen werden, von dem es dort heisst: „Justini
Troii Pompeii abbreuiatoris libri. Accedit Eutropius Membr fol. folior.
127. (Continet historiam miscellam a Muratorio editam, Eutropio tribu-
tam.)." Messina wird sehr häufig besucht und so kann es nicht schwer
fallen, über die Handschrift ins Reine zu kommen, die vielleicht von
Interesse ist. Auch die Bamberger Handschrift stammt aus Italien.

2, Vgl. Histoire littéraire de la France X p. 297.

suchung nur sein, wenn sie sich auf alle Umformungen erstreckte, welche die Historia miscella erfahren, eine Arbeit
freilich, die so bald Niemand Lust haben wird, zu unternehmen. Zu den bereits von Gutschmid a. a. O. p. 256 nach-
gewiesenen Missverständnissen und Verwechselungen bei Hugo
treten in der Geschichte der Parther noch einige neue hinzu.
Am Wichtigsten darunter ist die Identificirung des Parther-
königs Mithradates mit dem gleichnamigen Könige von Pontos,
wodurch die Darstellung Hugos (p. 32 Rott.) völlig verkehrt
geworden ist. Er setzt die Schlacht bei Karrhae vor die
Kämpfe des Mithradates mit Lucullus, Sulla und Pompejus.

Die angestellte Untersuchung über das Verhältniss von
Hugo von Fleury und Matthaeus von Westminster ist auch
für eine andere Frage nicht ohne Bedeutung. Denn man
sieht leicht, dass die sehr wahrscheinliche Vermuthung von
Roger Wilmans [1]), Hugo von Fleury sei im Jahre 1091 Abt
von Canterbury geworden und unsere Annahme, Matthaeus
von Westminster oder Roger von Wendover habe ihn direct
oder indirect ausgeschrieben, sich gegenseitig wohl zu unter-
stützen geeignet sind.

Wollen wir nun aber darüber ins Klare zu kommen
versuchen, welcher Recension des Justinus Hugo von Fleury
gefolgt sei, so stellen sich uns mehrfache Schwierigkeiten
entgegen. Einmal nämlich ist der Text bei Rottendorf offenbar stark verderbt [2]), wodurch das Urtheil nothwendig ge-
trübt werden muss, dann aber hat Hugo Justin stilistisch so
sehr überarbeitet, dass es meist ungemein schwierig ist, die
Lesart, welche er vorfand, mit Sicherheit festzustellen. Doch
ergibt sich immerhin Einiges. Hugo stimmt an den meisten
Stellen mit T, u. A. p. 1 Zeile 11 (= Just. I, 2, 1) patienter
uni, abweichend ausser von 1 auch von H G N, welche letzteren Handschriften patienter nino lesen, ferner p. 1 Zeile 27
(= Just. I, 2, 10) duos et triginta annos, p. 13 Zeile 18
(= Just. XXV, 2, 40) inuicta felicitas, p. 30 Zeile 12
(= Just. II, 4, 33) eo, p. 30 Zeile 17 (= Just. I, 8, 2)
Araxis, p. 31 Zeile 21 (= Just. XLI, 2, 8) impetus tanta uis,
p. 32 Zeile 1 (= Just. XLI, 5, 2) Zapaortheno. Einmal hat

---

1) Pertz' Archiv X p. 201 f.
2) Hugo p. 1 Rott. Zeile 18 ist z. B. sicher zu lesen sic statt sed,
Zeile 19 deinde statt denique, p. 7 Z. 15 nentem statt mentem u. s. w.

die Lesart von T Hugo sogar zu einer ganz wahnsinnigen
Geschichtsdarstellung verführt. Er schreibt nämlich p. 30
extr. Folgendes: Denique rex Darius qui Magorum audaciam
ferro coercuit ac Cyro regi Persarum bellum intulit, quod
filiae eius petitas nuptias non obtinuisset, sed cum incredibili
apparatu Scythiam ingressus fuisset etc. Das erklärt sich
nur daraus, dass bei Justin II, 5, 8 f. die transalpinen Handschriften lesen: Post haec pax apud Scythas fuit, usque tem-
pora *iam cyri* regis. Huic Darius rex Persarum .... cum filiae
eius nuptias non obtinuisset, bellum intulit etc. Wir finden
des Weiteren sogar eine spezifisch französische Ueberlieferung
vertreten, wie p. 1 Zeile 15 (= Just. I, 2, 3) crura uestis
uirilis (so V² B). Daneben aber finden sich einzelne Stellen,
welche mit den Italikern vollständig übereinstimmen, z. B.
p. 1 Zeile 8 (= Just. I, 1, 10) filio Nino, p. 1 Z. 9 (= Just. I,
2, 1) immaturo puero, p 7 Zeile 15 (= Just. I, 3. 2) purpuram, p. 15 Zeile 22 (= Just. XIII, 4, 10) Aegyptus et
Africae Arabiaeque pars. An einzelnen Stellen aber weichen
seine Lesarten von denen beider Klassen ab. Das beruht
theils darauf, dass er Orosius zur Verbesserung seines Textes
heranzog[1]), theils auf eigenen Conjecturen oder Umformungen
des Justinus, soweit wir es nicht mit einfachen Corruptelen
unserer Drucke zu thun haben sollten. Hier und da sind
diese Lesarten an sich freilich sehr hübsch; wie p. 29 Zeile 12
(= Just. II, 3, 13) aduenire, was erst Nipperdey durch Conjectur hergestellt hat. Uebereinstimmung mit C zeigt sich
nirgends. Man würde nun am Liebsten annehmen, Hugo
habe einfach den Codex von Fleury (V) benutzt und gelegentlich Orosius zugezogen, welcher im Wesentlichen mit den
Italikern übereinstimmt, wenn nicht einzelne der Stellen, wo
sich bei Hugo eine italische Lesart findet, gar nicht bei Orosius
vorkämen. Man kommt also nothwendig auf die Vermuthung,
dass Hugo einen Codex benutzt habe, welcher aus einem
Italiker corrigirt war. Ehe aber ein kritischer Text vorliegt,
lässt sich ein definitives Urtheil nicht fällen. An eine
ganz selbständige alte Ueberlieferung, die von I T C abwiche,
wird jedenfalls kein Verständiger zu denken wagen.

Man könnte auch die mit I stimmenden Lesarten einfach

---

1) Vgl. darüber Gutschmid a. a. O. p. 525

auf sich beruhen lassen, wenn dergleichen nicht auch bei
Vincenz von Beauvais in ziemlich bedeutender Anzahl
vorkämen. Vincenz von Beauvais ist noch nicht Gegenstand
einer eingehenden Untersuchung gewesen, obwohl seine Ge-
lehrsamkeit grösser und seine Weltanschauung allem Anschein
nach umfassender war, als die des Johann von Salisbury, er
auch für seine Epoche eine nicht geringere Bedeutung bean-
spruchen kann, als jener für die seinige. Vielleicht hat die
den Schriften der Bettelmönche eigenthümliche Dickleibigkeit
davon abgeschreckt. Das vortreffliche Buch von Schlosser
verfolgt bloss einzelne Gesichtspunkte und lässt namentlich
das Verhältniss des Vincenz zur klassischen Literatur un-
erörtert. Für eine Reconstruction des ihm vorliegenden
Justintextes ergeben sich ähnliche Schwierigkeiten, wie bei
Hugo von Fleury. Auch er hat seinen Autor bedeutend umgeformt, viele Stellen auch so in den Zusammenhang seiner
eigenen Erörterungen verwebt, dass ein Urtheil über den
benutzten Text gar nicht möglich ist. Dann aber sind seine
Werke in einer offenbar sehr corrupten Gestalt gedruckt.
Die mir vorliegende Ausgabe „opera et studio Theologorum
Benedictinorum Collegii Vedastini. Duaci 1624" scheint von
der von Schlosser benutzten Nürnberger Ausgabe selbst in
der Kapiteleintheilung abzuweichen und bietet stellenweise
solchen Unsinn, wie man ihn selbst einem Dominicaner nicht
gern zutraut. So heisst es z. B. Spec. hist. III, 24 (= Just.
XX, 4, 8) *Matronarumque* quoque *separatarum* a uiris et
puerorum a parentibus frequenter habuit; ibid. (= Justin.
XX, 4, 18) Cuius tanta admiratio fuit, ut ex domo eius tem-
plum facerent *eamque* pro Deo colerent; III, 23 (= Justin.
XX, 2, 12) illi autem longinqua *malitia* grauati auxilium a
Castore et Polluce petere iubent; III, 42 (= Just. III, 7, 8)
Cumque Lacedaemonii agros Atheniensium *postularent* etc.
Solche Stellen für Druck- oder Lesefehler zu erklären, an
denen es der Ausgabe auch sonst nicht gebricht, und aus
Justin zu verbessern wird dadurch misslich, dass Vincenz
gelegentlich beweist, dass er die ihm vorliegenden Autoren
ganz gründlich misszuverstehen im Stande war. Man beachte
z. B. Spec. hist. III, 34 (= Just. II, 9, 9): Interim cum
uiderent *Persas quatridui religione teneri*, nacta occasione,
non *expectatis Lacedaemoniis* instructis 10. milibus ciuium

et Plataeensium auxiliaribus mille aduersus sexcenta milia
hostium in *campos Marathonios* in praelium egrediuntur, an
welcher Stelle ausserdem ein paar Interpolationen vorliegen,
oder Spec. hist. III, 38, wo er sich vorstellt, dass Themistokles erst dann die Athener zum Bau von Schiffen über-
redet habe, als Xerxes schon in Griechenland eingedrungen
war. Auch sein Geständniss (Spec. hist. III, 64), er wisse
nicht, was unter dem ascensus Cyri regis zu verstehen sei,
den Xenophon beschrieben, verräth nicht gerade viel Nach-
denken. Auf der andern Seite aber liegt bei einem Schriftsteller, welcher seine Quellen anzugeben pflegt, die Versuchung
zu einer scheinbaren Verbesserung durch Benutzung gedruckter
Texte eben dieser Quellenschriftsteller sehr nahe und muss
man sich auf Interpolationen der Herausgeber gefasst machen.
Doch sind der von Vincentius benutzten Justinstellen so
viele, dass man immerhin wagen kann, den ihm vorliegenden
Text näher zu charakterisiren. Der Grundstock desselben ist
offenbar transalpin. Man vergleiche folgende Lesarten:
Spec. hist. I, 96 (= Just. II, 4, 1) Ylinos; Spec. hist.
I, 103 (= Just. I, 1, 10) Ninya; ibid = Just. I, 2, 3 calcia-
mentis; ibid. = Just. I, 2, 10 quae 30. annis post Ninum
regnauit (runde Zahl); Spec. hist. III, 18 = Just. II, 8, 10
per annos 33. regnauit; Spec. hist. III, 23 = Just. XX, 2, 4
ornamentis inter; ibid. = Just. XX, 3, 7 ab acie; ibid. =
Just. XX, 3, 8 et albis equis — coccineis paludamentis; Spec.
hist. III, 24 = Just. XX, 4, 3 Hic Sami Demarato — pri-
mo; ibid. = Just. XX, 4, 11 ipsi deae; Spec. hist. III, 27 =
Just. I, 9, 10 decorus; ibid. = Just. I, 9, 12 militiae uoca-
tionem per triennium permittunt; Spec. hist. III, 34 = Just.
II, 9, 13 suppressae; Spec. hist. III, 36 = Just. II, 10. 2
Artemenes; ibid. = Just. II, 10, 9 qui — praeposuit fehlt:
Spec. hist. III, 37 = Just. II, 10, 13 magistratui; Spec. hist.
III, 38 = Just. II, 13, 8 paucis Abyden contendit etc., wo
in I eine grosse Lücke ist; Spec. hist. III, 41 = Just. III.
1, 9 et necem fratris fehlt; Spec. hist. III, 70 = Just. XVIII,
7, 2 Maleum; ibid. = Just. XVIII, 7, 7 Herculis; ibid. =
Just. XVIII, 7, 9 sacerdotii; Spec. hist. IV, 33 = Just. XI,
11, 13 et ad coloniam Macedoniam (ad ist Interpolation) u. s. w.
Daneben finden sich aber auch zahlreiche italische Lesarten.
Man vergleiche z. B.

Spec. hist. II, 90 = Just. III, 2, 5 permisit, Spec. hist. III, 18 = Just. II, 8, 7 egreditur. Spec. hist. III, 24 = Just. XX, 4, 3 ornatus. Spec. hist. III, 34 = Just. II, 9, 8 petierunt. Spec. hist. III, 37 = Just. II, 10, 12 per quinquennium. Spec. hist. III, 38 = Just. II, 12, 22 spectator pugnae. Spec. hist. IV, 19 = Just. IX, 8, 6 quaestu. Spec. hist. IV, 31 = Just. XI, 10, 2 magnificentium epularum. Spec. hist. IV, 46 = Just. XII, 6, 8 Chorasmos u. s. w.

Eine oder die andere von diesen Lesarten wird man für Conjectur des Vincentius erklären können, einige andere lassen sich auf die Benutzung einer andern Quelle zurückführen. Es kann nämlich keinem Zweifel unterliegen, dass auch Vincentius mehrfach Orosius mit Justin verarbeitet hat. Das auffallendste Beispiel davon findet sich Spec. hist. III, 71, wo Orosius ausdrücklich citirt wird und sich auch die diesem eigenthümlichen Lesarten finden, während der Abschnitt im Uebrigen aus Justin entnommen ist. Danach sind auch Stellen zu beurtheilen, wie Spec. hist. III, 38 Archemidora autem uel sicut alibi legitur Artemisia regina Alicarnasi (vergl. Just. II, 12, 23) und Spec. hist. IV, 30 quingenta stadia *uno die* pertransiens (vergl. Just. XI, 8, 2). An der ersteren lesen die transalpinen Handschriften Artemisia, die italischen Artemidora, an der zweiten fehlt *uno die* in allen Handschriften beider Klassen, obwohl eine Zeitbestimmung nothwendig erforderlich ist. Der Text des Vincentius würde daher theils auf Contamination, theils auf einen durchaus selbständigen Codex mit eigenthümlichen werthvollen Lesarten hinweisen, wenn nicht auch Orosius II, 10 Artemidora böte und III, 16 läse quingentis stadiis sub uno (so der Laurentianus) die cursu transmissis, so dass einfach dessen Lesarten benutzt sind. Es bleiben jedoch einige italische Lesarten übrig, zu denen Vincenz nicht auf diese Weise gelangt sein kann. Wenngleich zu deren richtiger Beurtheilung eine Einsicht in die Handschriften des Vincenz nothwendig ist, so wird man — wie die Dinge jetzt liegen — doch die Vermuthung nicht abweisen können, dass wirklich im 12. oder im Anfang des 13. Jahrhunderts ein Codex der italischen Klasse nach Frankreich gekommen ist.

Was die Beschaffenheit des jedenfalls zu Grunde liegenden transalpinen Textes betrifft, so scheint derselbe nach dem

mir vorliegenden Material der bereits oben erwähnten, aus
A H und V R B D contaminirten Ueberlieferung anzugehören,
eine genauere Erörterung ist bei der jetzigen Sachlage unthunlich. Die dem Vincenz allein angehörigen Lesarten sind
entweder einfache Conjecturen oder ganz ohne Werth. Man
vergleiche z. B. Spec. hist. I, 96 = Just. II, 4, 11 impedi-
retur, Spec. hist. II, 90 = Just. III, 2, 6 regnum cum fide
summa, Spec. hist. III, 34 = Just. II, 9, 19 postremum|
ultimum [1]), Spec. hist. III, 71 = Just. XIX, 1, 10 f. legati a
Dario Persarum rege Carthaginem uenerunt, afferentes edictum,
quo Paeni humanas hostias immolare et canina *carne* uesci
prohibebantur *iubebanturque* mortuorum corpora cremare po-
tius quam terra obruere. Die aus Valerius Maximus ent-
lehnten Anekdoten über Themistokles (Spec. hist. III, 39)
sind wohl nur durch ein Versehen des Autors dem Justin
zugeschrieben worden und aus Spec. hist. III, 61 den Namen der
Timaea bei Just. V, 2, 5 einzuschieben wird bei genauerer
Prüfung sich gleichfalls als unthunlich herausstellen.

Wenn Vincenz von Beauvais also für den Text des
Justinus nichts ergibt, so sind einige seiner Bemerkungen
doch nicht uninteressant für die Fabeleien des Mittelalters
über Pompejus Trogus und Justinus, die am ausgebildetsten
in der bekannten Notiz des Martin von Troppau hervortreten.
Vincenz von Beauvais ist noch bescheidener. Er schreibt
Spec. hist. X, 94 Folgendes: Pompeius Trogus natione
Hispanus totius orbis Historias a tempore Nini regis Assy-
riorum usque ad monarchiam Caesaris Latino sermone com-
posuit per libros 44., quorum epitoma, id est abbreuiationem,
fecit Justinus, cius discipulus, de quo multa in hoc opere
locis congruis inserui. Ceterum utrum hic sit Justinus martyr
an forsitan alius ignoro. Die Angaben, dass der Epitomator
des Pompejus Trogus auch ein Schüler desselben und mit
Justinus Martyr identisch sei, sind einfach mittelalterliche
Hirngespinnste, die Behauptung, Trogus sei ein Spanier,
welche sich lange gehalten hat, beruht wenigstens auf einer
verständigeren, wenn auch falschen, Combination. Ihren
Ursprung lehrt uns die Lebensbeschreibung des Pompejus
Trogus, welche ein Humanist dem Codex Ottobonianus 1417

---

1) Statt *rapida* ebendaselbst ist wohl *rabida* zu schreiben.

vorgesetzt hat. Dort heisst es nämlich: „Quippe maiores
sui [sc. Trogi] ex uocontiis hispanię populis nobiles fuerunt."
Man sieht daraus deutlich, dass der Irrthum auf einer falschen
Uebersetzung von Justin XLIII, 5, 11 beruht. Dort heisst
es: „In postremo libro Trogus maiores suos a Vocontiis
originem ducere .... dicit. Die Worte „in postremo libro"
wurden offenbar übersetzt „im letzten Buche". Da das letzte
Buch des Trogus von Spanien handelt, musste dieser ein
Spanier und die Vocontier ein spanisches Volk sein. Noch
spätere Combination hat dann Justinus als Schüler des Trogus
auch zu seinem Landsmann und also gleichfalls zu einem
Spanier gemacht, als welcher er u. A. in den Codices Urbinas-
Vaticanus 438 und Caesareo-Palatinus 270 auftritt.

Noch vor Vincenz von Beauvais wurde Justin in Frankreich von Helinand benutzt. Von der Chronik dieses
Schriftstellers sind jedoch nur die letzten fünf Bücher gedruckt (bei Tissier, Bibliotheca Cisterciensium VII p. 73 ff.),
die übrigen vier und vierzig gingen schon bei Lebzeiten des
Verfassers verloren. Ganz unbekannt können sie jedoch dem
Mittelalter nicht gewesen sein, denn Vincenz von Beauvais
enthält zahlreiche Citate aus denselben. Alberich freilich
kennt Helinand erst vom Jahre 633 p. C. ab[1]). Ueber den
ihm vorliegenden Justintext wage ich aber nach jenen Citaton
kein Urtheil[2]).

Von Frankreich aus kam Justinus, wie schon oben bemerkt wurde, durch Erzbischof Absalon nach Dänemark.
Der Codex Havniensis (Gammel kongelyke Samling 450) trägt
die Unterschrift LIBER SCE MARIĘ DE SORA . ꝑ ᵐANV DOMNI
ABSALONIS ARCHIEPISCOPI. Die dänischen Gelehrten nehmen
an, dass der Codex nicht von Erzbischof Absalon selbst geschrieben, sondern während seines Aufenthalts in Paris gekauft worden sei und dass die Worte per manum domni
Absalonis nur besagten, dass er es gewesen, welcher die
Handschrift dem Kloster Soröe geschenkt. Justin wurde dann
für Saxo Grammaticus das eifrig nachgeahmte Vorbild.
Abraham Gronov hat in seiner Ausgabe des Justinus hin-
längliches Material beigebracht, um die Art der Benutzung

---

1) Vgl. Wilmans in Pertz' Archiv X p. 204.
2) Nicht benutzt ist Justinus von Petrus Comestor. Was dessen
Quellen freilich gewesen, wage ich nicht mit Sicherheit anzugeben.

zu beurtheilen. Sie ist durchaus frei und wesentlich nur auf
das Stilistische gerichtet. Für die Texteskritik ist Saxo, da
wir den Codex, der ihm vorlag, noch haben, natürlich ohne
alle Bedeutung. Ob sich Justinus noch weiter nach Norden
verbreitet hat, ist unbekannt.

In England findet sich aus der der normannischen Er-
oberung vorhergehenden Epoche nur eine Erwähnung des
Justin. Alkuin zählt in seinem Gedicht de pontificibus et
sanctis ecclesiae Eboracensis die in York befindlichen classischen und kirchlichen Handschriften auf und darunter be-
finden sich (v. 1548 f.)

Historici ueteres, Pompeius Plinius ipse
Acer Aristoteles, Rhetor quoque Tullius ingens [1].

Die in England erhaltenen oder dorther stammenden
Handschriften sind gleichfalls jünger. Die älteren derselben
sind folgende:

1) Codex Collegii Corporis Christi saec. XII nach Coxe.

2) Codex uniuersitatis Cantabrigiensis. Nach dem Katalog
saec. XIII—XIV, nach der Ansicht des Bibliothekars Mr.
Bradshaw saec. XII—XIII.

3) Codex von Clare-Hall (jetzt Clare College) saec. XIII.

4) Codex Vossianus Lat. Fol. 18 saec. XIII. Stammt
aus Colchester.

Alle diese Handschriften sind nur wenig bekannt. Ueber
die drei ersteren habe ich von Herrn Professor Lightfoot in
Cambridge nähere Auskunft erhalten, den Vossianus hat
Abraham Gronov auf p. ††4 seiner zweiten Ausgabe als
Leidensis III beschrieben und Lesarten daraus mitgetheilt. Die
aus ihnen bekannten Varianten zeigen einen V B ähnlichen
Text auf, und es ist daher entweder anzunehmen, dass diese
Ueberlieferung durch Alkuin nach Frankreich kam, oder dass
Justin in England verloren ging und erst von den theilweise sehr
gelehrten Klerikern wiedereingeführt wurde, welche nach der Er-
oberung von den britischen Pfründen Besitz ergriffen. Dass noch
später Justinhandschriften aus Frankreich nach England gebracht wurden, lehrt der Codex Vaticanus Reginensis 946 saec.
XIII—XIV, in welchem sich die Gesta Francorum, der falsche

---

[1] Dass keine Verwechslung mit dem Grammatiker Pompejus vorliegt, zeigt Vers 1556, wo dieser neben mehreren andern Grammatikern
aufgeführt wird.

Turpin, Pseudokallisthenes und Dares mit Justin vereinigt
finden. Vorgebunden sind dem letzteren einige ältere Blätter
mit Nachrichten über die Diöcesen von Rouen und Avrenches,
während das ehemalige Deckblatt mit Worten in angelsächsi-
scher Sprache beschrieben ist.

Von englischen Schriftstellern, die den Justin benutzt
hätten, ist mir ausser den oben behandelten nur Walter
Burley bekannt. Dieser scheint einen V ähnlichen Codex
vor sich gehabt zu haben [1]).

Die Jahrhunderte der Renaissance sind für den Justintext von entscheidender Bedeutung. Zunächst wurde im
Norden rüstig weiter aus den verschiedenen Codices der transalpinen Klasse contaminirt und ziemlich bedeutend interpolirt.
Das anschaulichste Bild davon gibt der Codex Montepessu-
lanus H 215 saec. XIV mit seinen Verwandten, dem Codex
Bernensis 242 saec. XV und dem Codex Ambrosianus A 75
Inf. saec. XV, wo wir Lesarten von A H V B wirr durch-
einander mitten unter den haarsträubendsten Interpolationen
finden. Andere Handschriften halten sich an den Text einer
einzigen Gruppe, wie der Codex Vaticanus Reginensis 878
saec. XIV, der gleichfalls aus Frankreich stammt, an die
Ueberlieferung von V^1 R. Entscheidend aber ist für die
ganze künftige Textesgeschichte bis ins vorige Jahrhundert
die Thätigkeit der Italiener geworden. In Italien nämlich hat
eine grossartige Fabrikation von Justinhandschriften stattgefunden, welche auf einer Contamination des Textes von I, T und
C beruhen und dann immer weiter interpolirt wurden. Ohne
Zweifel kam also ein Codex der transalpinen Klasse verhält-
nissmässig früh nach Italien. Die Handschrift musste dort
eine um so bessere Aufnahme finden, als nur die transalpine
Klasse die Prologe zu Trogus enthielt und sich aus ihr die
grossen Jedem auffälligen Lücken der heimischen Handschriften
ausfüllen liessen. Wir wissen mit ziemlicher Bestimmtheit,
dass sich die jetzige giessener Handschrift einige Zeit in

---

1) Ueber die spanische Ueberlieferung ist ausser den Notizen in
dem Katalog von Haenel nichts bekannt. Die dort erwähnten Handschriften scheinen sämmtlich dem 14. oder 15. Jahrhundert anzugehören.
Ueber die bei Traversari, epist. VI, 14 ed. Mehus erwähnte Handschrift
des Pompejus Trogus wird an anderem Orte eine Vermuthung aus-
gesprochen werden.

Italien befand oder wenigstens von einem Italiener benutzt
wurde[1]) und der Codex Neapolitanus Nationalis IV C 44 (N)
bietet den fast ganz unverfälschten Text der Recension H M G,
allein die Lesarten der contaminirten Handschriften zwingen
zu der Annahme, dass auch ein Codex der französichen Recension (V R B D Bern. 116) frühzeitig nach Italien gelangt
ist. Noch heute finden sich französische Handschriften aus
jener Zeit in Italien, wie z. B. der Codex Corsinianus 782
saec. XIV. Wann diese Uebertragung stattgefunden hat,
lässt sich nicht feststellen. Vielleicht kann man mit Hülfe
der noch unverglichenen Pariser Handschriften diese Frage be-
antworten; in Italien selbst scheint kein Justincodex saec
XII oder XIII zu existiren.

Contaminirte italienische Handschriften gibt es natürlich
von verschiedener Art. Doch geht die Hauptmasse auf eine
einzige Arbeit zurück, bei welcher C zugezogen und eine ganze
Reihe neuer Conjecturen in den Text gesetzt wurde. Da eine
solche Arbeit nicht gut in Monte Casino ausgeführt werden
konnte, so müssen wir Florenz, wo der Codex C sich jetzt befindet und wohin er wahrscheinlich direct aus Monte Casino kam,
als den Ort betrachten, von wo jene Recension in die Welt
ausging. Eine der ältesten Handschriften derselben ist der
Codex Neapolitanus Nationalis 143 Janelli und dieser ist von
1379 datirt. Somit haben wir wenigstens eine feste Zeitgrenze
gewonnen, vor welcher die Arbeit vollendet worden sein muss.

Es versteht sich von selbst, dass auch Handschriften der
Klasse I abgeschrieben und nach bestem Wissen und Gewissen der Schreiber interpolirt wurden; bald hat der Text
der contaminirten Klasse auch auf diese Interpolationen Einfluss gewonnen.

Ueberhaupt aber ist Justin vom 14. Jahrhundert an in
Europa so verbreitet und wird so vielfach benutzt, selbst von
Autoren, die in der Landessprache schreiben, dass es nutzlos
wäre, die Geschichte seiner Ueberlieferung weiter im Einzelnen zu verfolgen. Die kritische Thätigkeit der Humanisten
nahm er bald in hohem Maasse in Anspruch; er wurde für
sie das eigentliche Compendium für die nichtrömische alte
Geschichte, als solches noch von Borgars empfohlen und noch

1) Vgl. Otto, Comm. crit. p. 249.

heute von italienischen Canonici verehrt. Die vielfachen Abweichungen der Handschriften, die mannigfachen Verderbnisse,
gelegentlich auch das Eigenthümliche gewisser Nachrichten
gab Veranlassung zu hunderten von guten und schlechten
Conjecturen und zu ganzen Variantensammlungen, welche
schliesslich aus den Haudschriften fast eine Art von kritischen
Ausgaben machten. Das klassischste Beispiel davon ist der
Codex Casanatensis von 1454. Hier sind die Bücher in Ka-
pitel eingetheilt und am Rande stehen ziemlich gelehrte hu-
manistische Scholien, bei denen zum Theil die Quelle angegeben ist, wie Orosius, Papias, Juvenal, Lactantius u. s. w.
Der Text ist im Wesentlichen italisch, aber auch viele transalpine Lesarten finden sich und subsidiär ist C zugezogen
worden. Zwischen den Zeilen aber und am Rande sind die
Lesarten anderer Codices angegeben, mit grosser Genauigkeit,
die sich sogar bis auf Orthographisches erstreckt. Diese so
interpolirten italienischen Handschriften wanderten dann
wieder nach dem Norden, nach Frankreich, Deutschland,
England, und sie bilden die Hauptmasse der jetzt vorhandenen
Codices. Durch eine solche Handschrift vermittelte Johann
Dlugosz wieder seinen Landsleuten den Justinus, dessen
Kenntniss seit Vincentius Kadlubek in Polen verloren ge-
gangen war[1]). Die jetzt einzig übrige polnische Justinüberlieferung gehört wenigstens dieser Klasse an; sie wird repräsentirt durch den Codex Krakoviensis und den etwas
älteren Codex Ottobonianus 2068. Damals zuerst scheint
Justinus nach Ungarn gekommen zu sein; eine prachtvolle
Justinhandschrift saec. XV aus der Bibliothek des Matthias
Corvinus befindet sich jetzt in Dresden. Sie weist gleichfalls
jenen contaminirten italischen Text auf. Nordische Gelehr-
samkeit hat dann an der Interpolation noch eine Weile mit-
geholfen, zum Theil den Text aus Orosius interpolirt. In
diese Kategorie gehört die schlechteste aller Justinhandschriften, der Codex des New College zu Oxford.

Gedruckt wurde Justin zuerst um das Jahr 1470. Um
die Ehre der Princeps streiten sich drei Ausgaben. Die eine
ohne Jahres- und Ortsbezeichnung ist nach den vorgesetzten
Distichen aus der Druckerei von Ulrich Hahn in Rom

---

1) Joannis Dlugossi uita. Tom. I p. XXXII ed. Lips.

hervorgegangen [1]), die andere erschi̇̇̇̇̇̇̇̇
1470, die dritte ist zuerst von den ▆▆▆▆
gebern, allerdings nicht sehr ausführlich, beschrieben worden.
Ich habe die Hahn'sche und die Venetianische Ausgabe in
der Elciana, diese dritte in der Casanatensis eingesehen.
Wenn ich mir in solchen Dingen ein Urtheil erlauben darf;
so ist die letztere kaum jünger, als jene beiden andern. Sie
ist nicht paginirt, besteht aus 101 Blatt und hat 36 Zeilen
auf der Seite. Die Ueberschrift auf fol 1^r lautet: IVSTINI
HISTORICI CLARISSIMI IN TROGI POMPEII HISTORIAS
EXOR | DIVM. Folgt die Praefatio, welche als Unterschrift
hat: IVSTINI HISTORICI IN POMPEII TROGI | HIST
NRIAS (so) LIBER. I. Auf fol. 1^u beginnt dann das erste
Buch. Die nächste Ausgabe veranstalteten Sweynheim und
Pannartz im Palazzo Massimi alle colonne am 26. Septem-
ber 1472.

Alle diese Ausgaben beruhen auf contaminirten Handschriften, bei deren Recension auch C eine Rolle gespielt hat.

---

1) Vgl. Gregorovius, Geschichte der Stadt Rom im Mittelalter,
VII p. 528 Note 1.

www.ingramcontent.com/pod-product-compliance
Lightning Source LLC
Chambersburg PA
CBHW021229260626
47172CB00002B/677

* 9 7 8 3 3 3 7 3 3 7 7 6 6 *